Olivia Remes
Mood Hacks

Dr. Olivia Remes forscht im Bereich mentale Gesundheit an der University of Cambridge, sie ist Speakerin und Life Coach. Ihre Artikel über Angststörungen, Einsamkeit und andere emotionale Notlagen und deren Bewältigungsstrategien sind in internationalen Publikationen erschienen, u. a. der deutschen ›Vouge‹.

Olivia Remes

MOOD HACKS

50 Sofortstrategien
gegen Stress, Angst, Liebeskummer
und andere mentale Notlagen

Aus dem Englischen von
Elisabeth Schmalen

dtv

2022 dtv Verlagsgesellschaft mbH & Co. KG, München
© 2021 Olivia Remes
Titel der englischen Originalausgabe: The Instant Mood Fix.
Emergency remedies to beat anxiety, panic or stress
© 2022 dtv Verlagsgesellschaft mbH & Co. KG, München
Umschlaggestaltung: FAVORITBUERO, München
Satz: Uhl + Massopust, Aalen
Gesetzt aus der Avenir LT
Druck und Bindung: Druckerei C. H. Beck, Nördlingen
Printed in Germany · ISBN 978-3-423-35169-0

Dieses Buch ist meiner Mutter gewidmet.
Sie hat sehr schwierige Zeiten überstanden
und ist das beste Beispiel dafür, wie man sich
immer wieder ins Leben zurückkämpft.
Sie ist das Licht, das mir den Weg leuchtet.

INHALT

EINLEITUNG

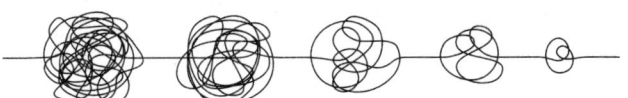

ÜBER MICH

Ich bin Wissenschaftlerin an der University of Cambridge und erforsche seit fast einem Jahrzehnt, was Menschen glücklich und zufrieden macht und was ihnen dabei hilft, sich nach harten Rückschlägen zurück ins Leben zu kämpfen. Durch meine TED-Talks, Seminare und sehr vielen Gespräche bin ich zu dem Schluss gekommen, dass sich zehn Denk- und Stimmungsmuster ausmachen lassen – zehn sogenannte mentale Notlagen –, die Menschen davon abhalten, ihre Möglichkeiten voll zu entfalten. Verharren wir zu lange in diesen mentalen Notlagen, wirken sie sich massiv auf unser Wohlbefinden und unsere Zufriedenheit aus. Dieses Buch soll dir dabei helfen, diese Notlagen zu erkennen und dich aus ihnen zu befreien.

ÜBER DIESES BUCH

Ich stelle in diesem Buch ein Paket aus wissenschaftlich fundierten Strategien für viele Schlüsselbereiche des Lebens zusammen: die innere Einstellung, das Sozialleben, den Umgang mit der Arbeit und mit schwierigen Situationen. Basierend auf meinen Forschungen und dem Austausch mit Personen, die an meinen Seminaren und Vorträgen teilgenommen haben, habe ich einen Werkzeugkasten aus Vorgehensweisen zusammengestellt, die du immer und überall anwenden kannst und die dir dabei helfen, optimistischer, entscheidungsfreudiger und selbstbewusster zu werden.

Wenn du die Tipps und Tricks aus diesem Buch direkt umsetzt, wirst du schnell merken, wie du gelassener wirst, wie sich eine stille Kraftquelle in dir auftut. Du wirst erkennen, wie erfüllend dein Leben sein kann, und das führt zu einer langsamen, aber nachhaltigen Veränderung. Am besten betrachtest du dieses Buch als eine Art »Rezept«. Einige Hilfsmittel lassen sich in akuten Krisen anwenden, andere sollten in kleinen Dosen eingenommen werden, die langfristig eine große Wirkung entfalten. Die einzelnen Kapitel sind kurz und lassen sich in etwa 20 Minuten durchlesen. Doch wenn du dich in einer akuten Notsituation befindest, bietet es sich an, dich auf den kompakten Rat zu Beginn des jeweiligen Kapitels zu beschränken. In etwa zwei Minuten Lesezeit bietet er schnelle Abhilfe. Jedes Kapitel behandelt jeweils eine Notlage, sodass du direkt zu dem Thema springen kannst, das dich gerade beschäftigt.

Die zehn mentalen Notlagen, um die es in diesem Buch geht, sind:

- Unentschlossenheit
- Antriebslosigkeit
- mangelnde Selbstdisziplin
- Stress
- Überforderung
- Ängste
- Einsamkeit
- Liebeskummer
- persönliche Krisen
- Enttäuschung

Die einzelnen Kapitel sind wie folgt aufgebaut (am besten, du orientierst dich an den Symbolen):

 Abschnitt 1: Tipps für den Notfall. Ein kurzer Text für die rasche Abhilfe in schwierigen Momenten.

 Abschnitt 2: Wissenschaftlicher Abriss. Informationen zum psychologischen Hintergrund der jeweiligen Gemütszustände, Empfindungen und Gefühle. Hier bekommst du einen Überblick über die Abläufe auf psychologischer und/oder neurowissenschaftlicher Ebene und die Auswirkungen auf Außenstehende.

 Abschnitt 3: 5 Strategien. Mit diesen Strategien kannst du langfristig eine bestimmte Stimmung oder ein Gefühl angehen. In der Summe bilden sie einen tief greifenden Ansatz, der dir zu mehr Resilienz verhilft und zu einem besseren Umgang mit Rückschlägen.

Ganz egal, womit du zu kämpfen hast und wie deine augenblickliche Lage ist – hier findest du bewährte, kreative und einfache Lösungen, die dir weiterhelfen.

MEINE EIGENEN ERFAHRUNGEN

Als meine Mutter vor zwei Jahren zum zweiten Mal an Krebs erkrankt ist, rutschte ich in eine mentale Notlage. Ich fühlte mich überfordert und wusste nicht, was ich tun sollte. Das Leben schien plötzlich jeglichen Sinn verloren zu haben, ich fühlte mich von der Welt entfremdet. In dieser Situation griff ich, wann immer es mir besonders schlecht ging, auf die fünf Strategien zurück. Langsam spürte ich, wie meine Kraft zurückkehrte. Es fühlte sich so an, als wäre ich von unsichtbaren Händen wieder in den Sattel des Lebens gehoben worden. Diese Erfahrung hat mich dazu inspiriert, dieses Buch zu schreiben. Ich wollte zeigen, dass es einfache und effektive Möglichkeiten gibt, schwierige Situationen zu meistern und die Kontrolle über das eigene Leben zurückzuerlangen.

KAPITEL 1

DU BIST OFT UNENTSCHLOSSEN?

Entscheidungsprozesse leicht gemacht

In diesem Kapitel soll es darum gehen, wie man entschlussfreudiger wird. Wenn du es schwierig findest, dich für einen Job, einen Wohnort oder ein neues Paar Schuhe zu entscheiden, findest du hier Rat. Du lernst, dich schneller festzulegen und die Ängste loszulassen, die dir im Weg stehen.

Wenn du lange brauchst, um eine Entscheidung zu treffen, oder dabei auf die Bestätigung oder Hilfe anderer angewiesen bist, bietet dieses Kapitel Abhilfe. Du lernst, das Leben bewusst in die Hand zu nehmen und es in bestimmte Bahnen zu lenken.

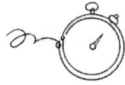

TIPPS FÜR DEN NOTFALL

- **Verlass dich bei komplexen Entscheidungen auf deinen Instinkt.** Wissenschaftler der Universität Amsterdam haben gezeigt: Je vielschichtiger eine Entscheidung ist, desto besser ist es, auf das erste Bauchgefühl zu vertrauen. Bei relativ simplen Abwägungen, etwa der Frage, welches Handtuch man kaufen soll, kann es hilfreich sein, die Vor- und Nachteile gegenüberzustellen. Doch bei komplexeren Entscheidungen, wenn es beispielsweise um Möbelstücke oder ein neues Auto geht, ist es paradoxerweise von Vorteil, sich vom Unterbewusstsein leiten zu lassen und auf die Intuition zu vertrauen.[1, 2]

ENTSCHEIDUNGEN TREFFEN – WISSENSCHAFTLICH BETRACHTET

Lesedauer: 🕐 10 Minuten

Sich nicht entscheiden zu können, kann sehr frustrierend sein. Kommt es regelmäßig vor, wirkt es sich spürbar auf das Leben aus und blockiert uns in wichtigen Fragen.

Einige Menschen brauchen Stunden, um eine Entscheidung zu fällen: Sie verbringen viel Zeit damit, das beste Produkt zu ermitteln, feilen stundenlang an ihren E-Mail-Formulierungen und tun sich schwer, im Restaurant zu bestellen. Manchmal sind sie, nachdem die Wahl dann getroffen ist, immer noch unzufrieden damit und fragen sich, ob sie nicht doch etwas anderes hätten nehmen sollen.

Die Art und Weise, wie wir Entscheidungen treffen, kann große Auswirkungen auf unser Leben haben. Sie kann darüber bestimmen, ob wir vorankommen oder im Stillstand verharren. Ob wir, wenn sich uns eine Chance bietet, zugreifen oder sie verstreichen lassen. In diesem Kapitel erfährst du, wie uns unser Gehirn davor beschützt, uns nicht zu sehr zu grämen, wenn wir eine »falsche« Entscheidung getroffen haben. Wenn du schon lange Entscheidungsschwierigkeiten hast, gibt dir dieses Kapitel eine Reihe effektiver Strategien an die Hand, die du anwenden kannst, um leichter zu einem Entschluss zu kommen und deinem Leben eine Richtung zu geben.

»Das Beste« oder »gut genug«?

Der Psychologe Barry Schwartz fand heraus, dass sich Menschen in Entscheidungsfällen in zwei Gruppen einteilen lassen: Manche sind »Maximierer:innen«, andere »Satisficer:innen«.[3]

Du hast sicher schon einmal eine:n Maximierer:in kennengelernt oder würdest dich selbst dieser Gruppe zuordnen. Diese Menschen entscheiden sich erst, nachdem sie alle Informationen zusammengetragen und dabei keine Mühen gescheut haben. Wenn sie eine neue Jacke brauchen, gehen sie in so viele Geschäfte wie möglich und probieren so viele Modelle an, wie es geht, bevor sie ihre Wahl treffen. Sie sind davon besessen, das »Beste« zu finden – egal, ob es dabei um eine Jacke, einen Laptop oder die Liebe geht. Wenn du ein:e Maximierer:in bist und in deinem Haus etwas kaputt geht, willst du wahrscheinlich einen Reparaturservice rufen. Doch der Prozess, den richtigen zu finden, ist häufig langwierig und kompliziert: Du gehst sämtliche Angebote in der Umgebung durch, liest alle Bewertungen, die du finden kannst, und recherchierst stundenlang im Internet, bevor du dich entscheidest. Das frisst Zeit und Energie. Da Maximierer:innen von ihrer Veranlagung her meist sehr genau und gründlich sind, schieben sie Entscheidungen häufig auf und lassen Dinge schleifen. Das liegt daran, dass der Akt, sich mit jeglichen Optionen auseinanderzusetzen, überfordernd sein kann. Ausgiebige Recherchen können einen zwar hin und wieder auf pures Gold stoßen lassen, aber bis es so weit ist, ist man völlig erschöpft. Man kann den Erfolg dann gar nicht mehr genießen, weil die Suche so viel Kraft gekostet hat.

Bei »Satisficer:innen« läuft es genau andersherum: Wenn sie etwas brauchen, schauen sie sich ein paar Optionen an, und wenn etwas darunter ist, das mehr oder weniger dem entspricht, was sie suchen, nehmen sie es. Satisficer:innen streben nicht nach der perfekten Lösung und führen deshalb ein eher entspanntes Leben. Sie haben nur einen Anspruch, wenn es um Entscheidungen geht, und der lautet: gut genug. Da sie gar nicht erst nach dem »Perfekten« suchen, stört es sie nicht so sehr, wenn sie, nachdem sie ihre Entscheidung getroffen haben, später zufällig eine noch bessere Lösung entdecken. Maximierer:innen hingegen neigen dazu, Entscheidungen aufzuschieben, vor allem, wenn sie wissen, dass sie unumkehrbar sind – denn was, wenn doch noch etwas Passenderes auftaucht als das, was momentan zur Wahl steht? So halten sie immer Ausschau nach etwas Besserem. Und das kann ihrem Glück im Weg stehen.

Die Qual der Wahl

Wenn du zu den Maximierer:innen zählst, fällt dir das Leben in unserer sich ständig wandelnden, materialistischen Welt möglicherweise schwer. Es gibt heute mehr Wahlmöglichkeiten als je zuvor. Sobald wir ins Internet gehen, prasseln unzählige Angebote aus der Lebensmittelindustrie sowie Fernsehserien, Videospiele und Ausgehtipps auf uns ein. Maximierer:innen verspüren den Drang, alle auf dem Markt verfügbaren Optionen zu studieren, bevor sie sich entscheiden – aber wie soll das gehen, wenn es Dutzende, vielleicht sogar Hunderte Wahlmöglichkeiten gibt?

Das führt uns zu einem wichtigen Punkt: Wenn Menschen sich zu vielen Optionen gegenübersehen, neigen sie dazu, eine schlechtere Wahl zu treffen. In einem Experiment entschieden sich Menschen, denen eine kleinere Auswahl an Pralinen – sechs Sorten – vorgesetzt wurde, eher dafür, tatsächlich etwas zu kaufen, als die, denen man 30 Sorten präsentierte.[4] Außerdem waren die Probanden bei einer geringeren Auswahl zufriedener mit ihrem Kauf.

Das Gleiche lässt sich auch im beruflichen Zusammenhang beobachten. Studierende, die aufgefordert werden, eine Hausarbeit zu schreiben, aber weniger Themen zur Auswahl gestellt bekommen, erzielen bessere Ergebnisse als jene, die mit einer größeren Anzahl konfrontiert werden.[4] Weniger ist also tatsächlich mehr. Wenn wir weniger Produkten ausgesetzt sind, fällt uns die Wahl leichter. Wir sind zufriedener mit unserer Entscheidung. Das hängt wahrscheinlich damit zusammen, dass wir uns unbewusst nach »Entrümpelung« sehnen, nach einem einfacheren, glücklicheren Leben, in dem wir nur kaufen, was wir auch wirklich brauchen, und das, was wir haben, mehr genießen.

Deshalb ist es in Zeiten des Online-Shoppings und der Dating-Plattformen ratsam, sich an der »Gut genug«-Regel zu orientieren.[6] In unserer sich ständig wandelnden Welt, in der alle paar Monate ein größeres und besseres Produkt herauskommt und Beziehungen immer schneller beendet werden, gleicht die Suche nach der »perfekten« Lösung einem Rennen, dessen Ziellinie eine Fata Morgana ist – ein Trugbild, das sich mit jedem Schritt weiter nach hinten verschiebt und sich deshalb nie erreichen lässt. Das »perfekte« Produkt, das »perfekte« Haus, der »perfekte« Job existieren nicht, weil jederzeit etwas Neueres und Verlockenderes auftauchen kann. »Gut genug« bewahrt uns vor der endlosen Jagd nach etwas, das es gar nicht gibt.

Das Immunsystem der Psyche
Manchmal schieben wir Entscheidungen aus Angst auf. Wir fürchten die Risiken, die mit einem Entschluss einhergehen, vor allem, wenn er endgültig ist, und machen uns Sorgen, dass es langfristige Auswirkungen haben könnte, wenn unsere Wahl doch nicht in jeder Hinsicht unseren Erwartungen entspricht. Doch nur wenigen Menschen ist klar, dass wir meistens überschätzen, wie sehr wir darunter leiden, nicht die richtige Entscheidung getroffen zu haben. In Wahrheit erholen wir uns davon schneller, als wir glauben.

Strebe lieber
»gut genug«
an als
»das Beste«.

Warum liegen wir häufig falsch, wenn wir abschätzen wollen, wie groß unser zukünftiges Leid sein wird? Dafür gibt es zwei Gründe.

Erstens vergessen wir, wenn wir erwägen, wie unglücklich uns eine bevorstehende negative Erfahrung machen wird, dass parallel dazu auch noch andere Dinge passieren werden.[5-7] Diese Dinge werden unsere Aufmerksamkeit und unsere Gefühle genauso in Anspruch nehmen. Wenn es beispielsweise darum geht, wie sehr wir leiden würden, wenn sich unser:e Partner:in in rund einem Monat von uns trennen würde, gehen wir wahrscheinlich davon aus, sehr unglücklich zu sein. Sollten wir jahrelang zusammen gewesen sein und eine harmonische Beziehung geführt haben, glauben wir vielleicht, nie wieder lachen werden zu können. Für den Fall, dass wir einen uns nahestehenden Menschen verlieren, erwarten wir möglicherweise, jahrelang traurig und niedergeschlagen zu sein. Doch angenommen, dass eines dieser beiden Ereignisse tatsächlich eintrifft: Die Beziehung geht in die Brüche, oder wir verlieren jemanden. Das ist zweifellos schwer zu ertragen, aber Forschungen haben ergeben, dass unsere Gefühle in diesen Extremfällen gar nicht so intensiv sind, wie wir befürchten.[5-7] Wir rechnen häufig damit, stärkere negative Gefühle zu haben, als es dann der Fall ist.

Das liegt daran, dass in dieser schweren Zeit trotzdem viele andere Dinge passieren, die uns in gute Stimmung versetzen und uns eben doch zum Lachen bringen. Sei es ein Telefonat mit einer engen Freundin, ein angenehm kühles Getränk an einem heißen Sommertag, die Vorbereitungen auf ein berufliches Treffen – all das lenkt uns von der Trauer ab und kann uns sogar kurz in gute Stimmung versetzen. Wenn man Menschen dazu befragt, wie schlecht es ihnen nach einer derartigen schlimmen Erfahrung ihrer Meinung nach gehen würde, geben sie oft: »dauerhaft niedergeschlagen« an. Sie denken nicht an all die anderen Dinge, die sie parallel erleben werden und die ihre Stimmung heben können. Das ist eine typische menschliche Schwäche: Wir schauen ausschließlich auf die Trennung oder den Verlust und die dadurch ausgelösten Gefühle und vergessen darüber alles andere. Das kann uns lähmen. Es kann uns davon abhalten, Entscheidungen zu treffen und Risiken einzugehen.

Der zweite Grund, warum wir die negativen Folgen einer Entscheidung überschätzen, ist die Wirkungsweise unseres psychischen Immunsystems.[5-7] So, wie wir ein körperliches Immunsystem haben, das dafür zuständig ist, Infektionen und Krankheiten zu bekämpfen, verfügen wir auch über einen Abwehrmechanismus der Seele. Wenn uns etwas Schlimmes widerfährt, gibt es dafür vorgesehene mentale Prozesse, die die Auswirkungen einer Katastrophe abdämpfen.

Daniel Gilbert von der Harvard University hat gezeigt, dass wir einen inneren Verteidigungsmechanismus haben, der dafür sorgt, dass uns schlechte Erfahrungen nicht allzu sehr belasten.[5-7] Er sorgt beispielsweise dafür, dass wir, wenn wir eine erhoffte Stelle oder Förderung nicht bekommen, denken: »Eigentlich habe ich sie ohnehin nicht gewollt.« Plötzlich entdecken wir Mängel an den Dingen, die wir uns gerade noch gewünscht haben, nur um den Schmerz zu lindern. Das ist das Werk unseres psychischen Immunsystems. Unsere Psyche gibt sich enorme Mühe, uns aufzumuntern; sie kann sogar die Realität verzerren. Der Trick besteht darin, sich dieses psychischen Immunsystems nicht allzu bewusst zu sein. Gilbert sagt, wir sollten es in Ruhe arbeiten lassen, für sich allein, ohne uns einzumischen.

Aber wie können wir diese Informationen jetzt, da wir über das Immunsystem Bescheid wissen, nutzen? Führe dir beim nächsten Mal, wenn eine Entscheidung ansteht und du befürchtest, die falsche Wahl zu treffen, klar vor Augen, dass es dir am Ende relativ gut gehen wird, egal, was passiert und was aus deiner Entscheidung wird. Es wird dir viel besser gehen, als du jetzt annimmst. Gilberts Forschungen belegen, dass wir emotionalen Aufruhr deutlich besser überstehen, als wir glauben.[7] Wir können uns ruhig auf unseren Verbündeten, das psychische Immunsystem, verlassen. Kehren wir nun zurück zum Entscheidungsprozess: Wie sollten wir also am besten vorgehen?

Statt uns von Angst leiten zu lassen und uns damit ins Abseits zu katapultieren, sollten wir unsere Entscheidungen an unseren Lebenszielen ausrichten. Und wenn wir sie einmal getroffen haben, sollten wir nur nach vorn schauen.

Wir haben ein psychisches Immunsystem, das uns vor zu viel Leid beschützt.

Wäre den Menschen bewusst, dass Rückschläge sie gar nicht so stark mitnehmen, würden sie sich weniger anstrengen. Dieses Wissen können wir nutzen: Eine Fehlentscheidung wird uns lange nicht so quälen, wie wir glauben.

5 STRATEGIEN, UM UNENTSCHLOSSENHEIT ZU ÜBERWINDEN

Lesedauer: 🕐 10 Minuten

Wir haben gelernt, dass unser psychologisches Immunsystem uns im Fall einer »schlechten« Entscheidung beschützt, und wissen daher, dass wir lieber etwas wagen sollten, als uns hemmen zu lassen. Es gibt aber noch weitere Strategien, um ein entscheidungsfreudigerer Mensch zu werden. Gehen wir sie gemeinsam durch.

1. Lerne, Risiken hinzunehmen

Jede Entscheidung birgt Risiken. Selbst wenn es nur um relativ kleine Dinge geht, etwa um die Frage, welche Serie wir gucken, gehen wir ein gewisses Wagnis ein: Vielleicht gefällt sie uns ja nicht. Bei gewichtigeren Entscheidungen wie der, ob wir in eine andere Stadt ziehen sollen, sind die Risiken potenziell größer: Werden wir dort einen neuen Job finden? Neue Freundschaften schließen? Es ist wichtig, die Entscheidungen nicht aufzuschieben oder ihnen aus dem Weg zu gehen, und zu lernen, die damit einhergehenden Risiken zu akzeptieren.

Warum? Weil deine Entscheidungsfreudigkeit Auswirkungen auf dein Selbstbild haben kann. Chronisch unentschlossene Menschen, die oft ihre Meinung ändern, können das Vertrauen in sich selbst verlieren. Vielleicht haben sie sich fest vorgenommen, am nächsten Tag ein bestimmtes Telefonat zu führen. Doch dann überlegen sie sich, doch lieber abzuwarten und sich stattdessen auf eine wichtige Abgabefrist zu konzentrieren. Wer sich häufig Dinge anders überlegt und Entscheidungen rückgängig macht, verliert irgendwann den Glauben daran, etwas wirklich durchziehen zu können.

Deshalb ist es gut, eine Wahl zu treffen und die damit verbundenen Risiken hinzunehmen. Lerne zu akzeptieren, dass das Leben in mancher Hinsicht unvorhersehbar ist. Je schneller du das verinnerlichst, desto leichter wird alles.

2. Denke um – feiere die Entschlussfreudigkeit

Wenn du entschlussfreudiger werden willst, ist es wichtig, dass du trainierst, dich schnell zu entscheiden. Sobald du die Optionen lange genug – sagen wir einmal, 30 Minuten – durchgegangen bist, sollte deine Wahl feststehen. Im Anschluss ist es dann besser, dich einfach darüber zu freuen, dass du eine Entscheidung getroffen hast, statt zu überlegen, ob du »richtig« liegst. Die Glücksgefühle, die entstehen, weil du gehandelt hast, können motivierend wirken und dich dazu anspornen, auch in Zukunft schnell zu einem Entschluss zu kommen.

3. Was treibt dich an?

Wenn es dir schwerfällt, eine Entscheidung in Bezug auf eine Arbeitsstelle oder deine berufliche Ausrichtung zu treffen, stelle dir die Frage: »Was treibt mich an?« So kannst du dir klarmachen, was du gern tust, was dich zufrieden macht und worin du Erfüllung findest.

Freue dich mehr darüber, eine Entscheidung getroffen zu haben, als über die richtige Wahl.

4. »Was würde ich tun, wenn ich wüsste, dass es klappt?«
Stelle dir diese wirkungsvolle Frage immer dann, wenn du dir unsicher bist – etwa, wenn es darum geht, ob du deine Chefin nach einer Auszeit fragen sollst oder deinen Partner bittest, mehr Zeit mit dir zu verbringen. Manchmal führt die Antwort zu tief greifenden Erkenntnissen, die du nutzen kannst, um dein Leben zu verändern.

5. Drücke den Reset-Knopf
Manchmal treten wir, wenn unsere Entscheidungen nicht aufgehen und wir uns alle möglichen Vorwürfe machen, einfach auf die Bremse. Wir geben sämtliche Vorhaben auf und gehen kein Risiko mehr ein. Wenn das passiert, kann es hilfreich sein, den Reset-Knopf zu drücken und einen Neustart durchzuführen.

Sobald wir einen Fehler machen, neigen wir dazu, ihn uns im Kopf zu »notieren«, ihn uns zu merken. Je mehr »falsche« Entscheidungen, Irrtümer und Versäumnisse wir abspeichern, desto höher stapeln sich diese geistigen Notizen. Häufig meinen wir: Je intensiver wir diese Erinnerungen pflegen, desto besser läuft es beim nächsten Mal. Aber das stimmt nicht. Stattdessen erzeugt der Gedanke an die vielen Entscheidungsschwierigkeiten, Fehltritte und Pleiten nur ein Gefühl der Machtlosigkeit und raubt uns die Motivation.

Also muss eine andere Lösung her: den Reset-Knopf drücken und bei null anfangen. Wir nehmen einen Schwamm und putzen die Tafel in unserem Kopf, bis dort nichts mehr geschrieben steht. Wir müssen die negativen Erfahrungen loslassen. Fangen wir noch heute damit an – schaffen wir uns neue Gewohnheiten und bauen wir uns langsam wieder auf. Es werden sich uns weitere Gelegenheiten und neue Wege zum Erfolg eröffnen.

Wenn die letzte Woche, der letzte Monat oder das letzte Jahr nicht so verlaufen ist, wie du es geplant hast, und deine Entscheidungen nicht zum gewünschten Ergebnis geführt haben, wische alle Selbstkritik weg und fange von vorne an. Drück den Reset-Knopf und mach den ersten Schritt nach vorn.

Knapp auf den Punkt

Vielen Menschen fällt es schwer, Entscheidungen zu treffen. Häufig steckt Angst dahinter – Angst, die falsche Wahl zu treffen, Angst, seine Ziele nicht zu erreichen. Doch paradoxerweise werden wir umso entschlussfreudiger, je mehr wir uns von dieser Angst lösen und akzeptieren, dass manche Entscheidungen nicht zu den gewünschten Ergebnissen führen. Je mehr wir üben, dieses Risiko zu akzeptieren, desto leichter fallen uns Entscheidungen.

Wenn du nun eine der Strategien aus diesem Kapitel ausprobieren solltest, welche wäre das? Und welche Folgen hätte es, diese Strategie bei jeder Entscheidung in den nächsten drei Wochen anzuwenden? Welche Auswirkungen hätte es auf dein Leben?

Schreibe auf, welche Strategie du dir ausgesucht hast, und setze jedes Mal, wenn du sie anwendest, einen Haken in der folgenden Tabelle. Notiere dann, wie das deinen Tag beeinflusst hat.

Die Strategien üben		
Tag	Strategie ange-wandt? Wenn ja, setze einen Haken.	Welche Auswirkungen hatte das auf deinen Tag? Fühlst du dich glücklicher, eigenständiger oder ge-lassener? Halte hier alle Gedanken fest, die dir durch den Kopf gehen.
Tag 1		
Tag 2		
Tag 3		
Tag 4		
Tag 5		
Tag 6		
Tag 7		
Tag 8		
Tag 9		
Tag 10		
Tag 11		
Tag 12		
Tag 13		
Tag 14		
Tag 15		
Tag 16		
Tag 17		
Tag 18		
Tag 19		
Tag 20		

KAPITEL 2

DU FÜHLST DICH UNMOTIVIERT?

Wie du deine Aufgaben dennoch schaffen kannst

Hast du Schwierigkeiten, mit einer Tätigkeit loszulegen, weil du dich antriebslos fühlst? Tust du dich schwer, ein Projekt in Angriff zu nehmen? Hast du das Gefühl, noch nicht bereit zu sein? Unabhängig davon, ob es sich um eine Aufgabe bei der Arbeit, ums Kochen, Putzen oder um ein schwieriges Gespräch handelt, haben Menschen häufig den Anspruch, ihre Sache gut zu machen. Oder sogar perfekt. Aber dieser Drang nach Perfektion kann lähmend wirken und Stress erzeugen. Und er kann zu einem ewigen Aufschieben führen.

Wenn du eine Aufgabe dringend angehen musst und das Gefühl hast, schon zu spät dran zu sein, besteht der sicherste Weg darin, sie erst einmal mehr schlecht als recht zu erledigen. Warum das funktioniert und dieser Ansatz uns in Gang bringen kann, erkläre ich in den einzelnen Abschnitten dieses Kapitels. Außerdem lernst du langfristige Methoden zum Umgang mit Prokrastination und Motivationsproblemen.

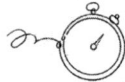

TIPPS FÜR DEN NOTFALL

- **Widerstehe dem Hang zum Tagträumen.** Wir verbringen mehr als ein Drittel des Tages damit, über Dinge zu sinnieren, die nichts mit der vor uns liegenden Aufgabe zu tun haben.[8] Tagträume können uns ins Grübeln bringen und unsere Aufmerksamkeit auf die Ziele lenken, die wir noch nicht erreicht haben.[9] Daher solltest du deine Gedanken, sobald sie zu wandern beginnen, sofort wieder einfangen und auf das richten, was zu erledigen ist.

PROKRASTINATION – PSYCHOLOGISCH BETRACHTET

Lesedauer: 🕐 5 Minuten

Das Wort Prokrastination stammt aus dem Lateinischen und setzt sich aus *pro* (»vorwärts«) und *crastinus* (»morgen«) zusammen. Es handelt sich um einen Aufschub, der häufig unnötig ist und den wir uns zugestehen, obwohl wir wissen, dass es besser wäre, gleich aktiv zu werden.

Warum prokrastinieren wir also, wenn wir genau wissen, dass es uns nicht guttut? Ein Grund dafür ist, dass wir darauf warten, uns wohlzufühlen und entspannt zu sein. Wir wollen unangenehme Gefühle wie Frust oder schlechte Laune unbedingt vermeiden. Doch obwohl uns das Aufschieben von Aufgaben, die uns keine Freude bereiten, auf kurze Sicht Erleichterung verschafft, bringt es langfristig nichts. Chronisches Aufschieben kann zu Stress führen,[10, 11] der wiederum das Immunsystem schwächt. Außerdem löst es Selbstvorwürfe aus, weil wir unser Potenzial nicht ausschöpfen – das Leben wird zu einer Reihe verpasster Gelegenheiten.

Darüber hinaus geht Prokrastination mit einem geringen Selbstwertgefühl einher,[12] mit dem Glauben, eine Aufgabe gar nicht bewältigen zu können. Der ehemalige Tennistrainer und Autor Tim Gallwey[13] hat mit einigen der größten Tennisstars der Welt zusammengearbeitet. Er meint, dass sich das, was wir im Leben leisten, aus unserem Potenzial minus der Beeinträchtigungen durch negative Gedanken und einschränkende Überzeugungen ergibt. Es ist eine einfache Gleichung:

Leistung = Potenzial – Beeinträchtigungen

Wir verfügen über mehr Potenzial, als wir glauben, aber die ständige Beeinträchtigung durch negative Denkmuster steht ihm im Weg. Wir behindern unseren Erfolg durch Gedanken wie: »Ich kann das nicht« oder »Ich werde diesen Job nicht bekommen«. Diese Gedanken sind so mächtig, dass sie uns nicht nur demoralisieren, sondern sich auch auf das auswirken, was wir zu leisten in der Lage sind. Doch wenn wir diese Beeinträchtigungen minimieren, kann das eine Wende herbeiführen.

»Morgen sieht die Welt ganz anders aus«
»Morgen sieht die Welt ganz anders aus« ist einer der größten Prokrastinationsmythen. Wir glauben immer

wieder, dass unsere Stimmung in Kürze umschlagen wird, obwohl uns die Erfahrung ein ums andere Mal lehrt, dass dem nicht so ist. Das liegt daran, dass unsere Psyche in der Lage ist, uns auszutricksen; wir meinen, unsere eigenen Empfindungen ganz gut einschätzen zu können. Wir glauben, dass wir zu einem späteren Zeitpunkt sicher motivierter sein werden, doch wenn dieser Zeitpunkt da ist, hat sich an unserer Unlust nichts geändert.[14]

Sobald wir wissen, dass der menschliche Geist zu dieser Schwäche neigt – dass wir eher schlecht einschätzen können, was wir in der Zukunft empfinden werden –, fällt es uns leichter, uns an die Arbeit zu machen.[15, 16] Denn Wissen ist Macht. Da du nun weißt, dass du später wahrscheinlich auch nicht mehr Lust oder Kraft verspüren wirst, die Aufgabe anzugehen, kannst du genauso gut jetzt anfangen. Es reicht, wenn du sie mehr schlecht als recht erledigst.

5 STRATEGIEN, UM PROKRASTINATION UND MOTIVATIONS- PROBLEMEN ENTGEGENZUWIRKEN

Lesedauer: ⏱ 10 Minuten

1. Mehr schlecht als recht

Als ich mich tief in die Forschungslage eingearbeitet hatte, stieß ich auf das Geheimnis der Motivation. Es lautet: Erledige deine Arbeit mehr schlecht als recht. Wenn du eine überwältigende Aufgabe vor dir liegen hast und die Lust fehlt, sie anzugehen, schraube deine Ansprüche herunter. Steht ein stressiges Projekt an, mach dich besser gleich an die Arbeit, als es hinauszuzögern, bis du den perfekten Zeitpunkt und den perfekten Ort gefunden hast. Verschwende keine Gedanken daran, wie gut das ist, was du da fabrizierst, und grüble erst recht nicht darüber nach, wie das Ganze am Ende aussehen wird. Wenn du die Aufgabe mehr schlecht als recht angehst, hast du nicht nur den ersten Schritt getätigt, sondern bist auch auf gutem Wege, sie irgendwann abzuschließen. »Mehr schlecht als recht« verwandelt Frust in Freude und deine Stimmung ins Positive.

Menschen, die sich das zum Motto gemacht haben, berichteten mir, dass sie anfingen, sich leistungsfähig und zufrieden zu fühlen. Statt die Arbeit zu meiden, kamen sie voran. Häufig hörte ich auch, dass sich der Ansatz »mehr schlecht als recht« sogar lohnte. Was die Leute überhastet oder ohne groß nachzudenken hervorgebracht hatten, war im Endeffekt ziemlich gut!

Wie der Schriftsteller G. K. Chesterton zu sagen pflegte: »Alles, was es wert ist, gemacht zu werden, ist es auch wert, beim ersten Mal schlecht gemacht zu werden.« Es gilt also: Mach es erst einmal schlecht, dann kannst du dich später immer noch einmal dransetzen und es überarbeiten.

Im August 2020 bekam ich eine E-Mail von Ben, der sich diesen Ansatz zu Herzen genommen hatte, nachdem er in einem meiner Vorträge davon gehört hatte. Er erzählte, dass er, wenn es um gute Gelegenheiten ging, »der größte Zeitverschwender auf Erden« gewesen sei; es sei richtig lähmend gewesen. Seit dem Vortrag habe er sich meinen Rat zu Herzen genommen und so seine Angst überwunden: »Diese vier Worte haben erreicht, was buchstäblich Tausende Stunden mit Selbsthilfebüchern, inneren Motivationsreden und anderen Hilfsmitteln nicht geschafft haben. Ich hatte schon einiges gelesen – über das Konzept ›Scheitern bis zum Erfolg‹ und alle möglichen Strategien, mein Ego, meine Furcht und meine Nervosität zu überwinden –, aber die Art und Weise, wie du es formuliert hast, hat einen Nerv bei mir getroffen«, schrieb er.

2. Das Unbehagen aushalten

Sobald du einmal losgelegt hast, kannst du dir bestimmte Gewohnheiten aneignen. Der »Mehr schlecht als recht«-Ansatz hilft dir, in Gang zu kommen, und das ist ein entscheidender Schritt. Doch wie du in diesem Abschnitt sehen wirst, gibt es noch weitere Strategien, die du anwenden kannst, damit dir die Arbeit leichter fällt.

Eine von ihnen lautet: Übe dich darin, unangenehme Gefühle auszuhalten, wenn du dich an die Arbeit machst. Wenn du eine Aufgabe aufschiebst, liegt das wahrscheinlich daran, dass sie negative Empfindungen bei dir auslöst – etwa Ablehnung oder Frust. Und weil du das nicht magst, versuchst du, diesen Gefühlen zu entfliehen. Aber das hat seinen Preis, vor allem, wenn das Streben nach Vergnügen wichtiger wird als das Erreichen bestimmter Ziele und Träume.[10, 11] Statt vor deinen Gefühlen davonzulaufen, bemühe dich, das Unbehagen zu ertragen, das sich einstellt, wenn du die Aufgabe angehst. Es wird nicht lange anhalten, da solche Empfindungen flüchtig sind.

Übe dich darin, Unbehagen auszuhalten, wenn du dich an die Arbeit setzt.

3. Verändere den Blickwinkel

Während meines Studiums musste ich viele Fachaufsätze lesen, die oft trocken und komplex waren. Im ersten Studienjahr konnte ich mich manchmal nur schwer dazu aufraffen, die Stapel durchzuarbeiten, die sich auf meinem Schreibtisch türmten – ich betrachtete sie als Pflichtaufgabe auf dem Weg zum Studienabschluss, als bittere Pille, die ich zu schlucken hatte. Erst als ich anfing, mich mit Menschen über ihre Stimmungslage und ihren psychischen Zustand zu unterhalten, erkannte ich die Bedeutung des Ganzen. Ich musste zunächst verstehen, welche Auswirkungen Angstzustände und Depressionen auf das Leben eines Menschen haben können und wie wichtig Strategien zum Umgang damit sind, bevor sich meine Sichtweise änderte. Nachdem ich mit Menschen über ihre inneren Kämpfe und psychischen Probleme gesprochen hatte, wurde mir klar, dass die wissenschaftlichen Artikel nicht nur Voraussetzungen für meinen Job waren. Sie enthielten den Schlüssel zum Wohlbefinden, den Schlüssel zu einem sinnstiftenden und guten Leben.

Von da an war ich Feuer und Flamme. Ich hatte verstanden, dass die Antworten in der Wissenschaft verborgen liegen, in den zahllosen Stunden, die die Forschungsteams investiert hatten, um zu ermitteln, wie wir die Kontrolle über unser Leben zurückerobern können. Also las ich die Aufsätze.

Ich erzähle diese Geschichte nur aus einem einzigen Grund: Wenn wir eine Aufgabe vor uns haben und nur die Textstapel sehen, die wir lesen müssen, die Excel-Tabellen, die auszufüllen sind, laufen wir in eine Sackgasse. Wir beschränken uns in dem, was wir erreichen können. Doch sobald wir uns darauf besinnen, dass wir beim Lesen und Abarbeiten auch andere Gefühle haben können, sieht die Sache schon anders aus. Wenn wir uns nicht auf unsere Langeweile und die Abneigung gegen die Aufgabe konzentrieren, sondern auf *andere* Gefühle – etwa den Wunsch, etwas Neues zu lernen, oder den Ehrgeiz, die nächste Stufe der Karriereleiter zu erklimmen –, kann das großen Einfluss auf unsere Motivation haben. Statt dich nur auf die Gefühle zu konzentrieren, die dir widerstreben, richte deine Aufmerksamkeit lieber auf die, die etwas Positives in dir auslösen.

Wir alle verfügen über eine große Bandbreite von Gefühlen, auf die wir jederzeit Zugriff haben. Darunter befinden sich negative, aber auch positive, die von Wünschen und Neugier angetrieben sind.[14] Wenn wir uns aktiv den positiven zuwenden, fangen wir an, *mit* dem Strom zu schwimmen statt dagegen.

Als ich den Blick auf den Nutzen meiner Arbeit richtete und auf die Menschen, denen ich helfen wollte, ging es schon bald bergauf. Trotzdem gab es noch Tage, an denen es mir schwerfiel, mich aufzuraffen. Auch wenn ich wusste, wofür ich es tat, war es dennoch manchmal ziemlich frustrierend, mich wochenlang mit ein und demselben Konzept zu beschäftigen. An den schwierigeren Tagen gönnte ich mir Pausen und las

Auszüge aus inspirierenden Büchern. Das fachte das Feuer in mir wieder an. Es erinnerte mich an die Bedeutung dessen, was ich tat, das Vergnügen, das es mir bereitete, Erkenntnisse miteinander zu verknüpfen, und die Freude, die ich verspürte, wenn ich etwas Neues herausfand. Machte ich mich dann wieder an die Arbeit, geschah es mit einer ganz anderen Einstellung: einem aufgeschlossenen Geist.

4. Entwickle ein dynamisches Selbstbild

Ein weiterer Ansatz, um dich zu motivieren und auf das Leben hinzuarbeiten, das du führen willst, ist die Entwicklung eines »dynamischen Selbstbilds«. Mit diesem Konzept hat sich die Psychologin Carol Dweck beschäftigt und dabei herausgefunden, dass Menschen mit einem solchen Selbstbild häufig sehr erfolgreich sind. Sie betrachten Rückschläge als Chancen.[17] Statt vor Hindernissen zurückzuschrecken, motiviert es sie, wenn sie ein Problem nicht umgehend lösen können.

Menschen mit einem dynamischen Selbstbild glauben, dass Erfolg ein direktes Ergebnis ihrer Bemühungen ist – nicht dessen, wie klug sie sind.

Wenn diese Menschen sich etwas vornehmen, hängt ihre Zufriedenheit weniger davon ab, wie das Ergebnis aussieht – ob sie die Aufgabe erfolgreich bewältigt und die perfekte Lösung gefunden haben –, sondern vom Weg dorthin. Manchmal gilt: je schwerer der Weg, desto größer die Freude.[17] Die Befriedigung, eine Sache durchgezogen zu haben, ist umso stärker, je leichter es gewesen wäre, aufzugeben. Und selbst wenn die Anstrengungen am Ende nicht von Erfolg gekrönt sind, kann man stolz darauf sein, durchgehalten zu haben.

Hast du dich je gefragt, was manche Leute so befriedigend daran finden, den Mount Everest zu besteigen, obwohl sie unterwegs erfrieren könnten? Oder daran, einen Marathon zu laufen, bei dem ihnen so übel wird, dass sie sich übergeben müssen? Es geht ihnen darum, stolz auf sich sein zu können, etwas geschafft zu haben. Denn selbst wenn sie den Marathon nicht gewinnen oder vor dem Gipfel scheitern, fühlt es sich dennoch gut an, es versucht zu haben und trotz der Erschöpfung, trotz der Schmerzen, trotz aller Schwierigkeiten die Ziellinie angestrebt zu haben.

Das dynamische Selbstbild ist motivierend und kann uns zum Handeln antreiben. Wer es verinnerlicht hat, misst Fehlschlägen weniger Bedeutung zu. Ein Misserfolg ist dann nur ein Ansatz von vielen – eben einer, der gescheitert ist. Es immer wieder zu versuchen, ist wichtiger, als nach Perfektion zu streben.

5. 30 Minuten Bewegung

Körperliche Aktivität kann uns einen spürbaren Glücks-schub versetzen. Forschungen haben gezeigt, dass wir, wenn wir glücklicher sind, auch motivierter sind und es uns leichter fällt, auf unsere Ziele hinzuarbeiten.[18] Mach also einen Spaziergang, tanz durch die Küche, stell dir ein Sport-Video an oder absolviere dein bevorzugtes Fitnesstraining. Vielleicht gibt dir das neuen Antrieb.

Knapp auf den Punkt

All diese Strategien eignen sich, um wieder in Gang zu kommen, wenn deine Motivation im Keller ist. Arbeite an deinem dynamischen Selbstbild und richte deine Aufmerksamkeit auf das Ziel: Was willst du erreichen? Wer möchtest du heute sein? Wenn eine Strategie fehl-schlägt, versuch es mit einer anderen. Statt nach Perfek-tion zu streben, erledige deine Aufgaben mehr schlecht als recht.

KAPITEL 3:

DU BIST
UNKONZENTRIERT?

So findest du leicht zu mehr
Selbstdisziplin

Was ist eigentlich Selbstdisziplin? Jedes Mal, wenn du dich bemühst, gezielt anders zu denken, zu handeln oder zu fühlen, zeigst du Selbstdisziplin. Das gilt auch, wenn du einen Drang unterdrückst und dein Verhalten bewusst steuerst (wenn du etwa einer Ablenkung nicht nachgibst, sondern konzentriert weiterarbeitest). Das ist wichtig, wenn es um das Erreichen langfristiger Ziele geht, weil du somit fokussiert bleibst.

Manchmal haben wir keine Lust, noch eine weitere Stunde zu arbeiten, oder würden gern einer Versuchung nachgeben, bleiben aber standhaft. Wir halten noch ein kleines bisschen länger durch oder reißen uns zusammen, weil wir keine übereilte Entscheidung treffen oder aus einem Impuls heraus handeln wollen. Wir Menschen funktionieren nicht per Autopilot, sondern sind in der Lage, uns zu beherrschen, und in welchem Ausmaß wir das tun, zählt zu den wichtigsten Faktoren, in denen wir uns voneinander unterscheiden. Außerdem ermöglicht es uns, flexibel zu agieren – wenn wir nicht impulsiv handeln, lernen wir, unsere Gedanken und Gefühle zu steuern.

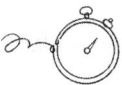

TIPPS FÜR DEN NOTFALL

- **Warte zehn Minuten, bevor du nachgibst.** Was auch immer dich in Versuchung führt – sei es eine weitere Tasse Kaffee, eine Zigarette oder eine Ablenkung im Internet –, warte zehn Minuten. Das stärkt deine Willenskraft, und die »verbotene Frucht« wirkt weniger verlockend. Sie verliert ihren Reiz.

SELBSTDISZIPLIN – WISSENSCHAFTLICH BETRACHTET

Lesedauer: 🕐 10 Minuten

Obwohl es vieles im Leben gibt, das sich unserer Kontrolle entzieht, zeigt dir dieses Kapitel, wie du die Dinge, die in deiner Hand liegen, beeinflussen kannst. Es legt dar, wie wir unsere Impulse in den Griff bekommen. Und das ist wichtig, weil es uns ermöglicht, unsere Gedanken und Gefühle zu regulieren.[19] Untersuchungen haben gezeigt, dass Selbstdisziplin in jungen Jahren ein Hinweis auf Erfolg im späteren Leben ist. Kindergartenkinder, die in der Lage sind, eine Belohnung aufzuschieben, sind im Erwachsenenalter selbstbewusster und kompetenter und können zu Jugendzeiten besser mit Stress umgehen.[20] Sehr kontrollierte Kinder sparen im Alter zwischen 30 und 40 Jahren mehr Geld an.[21, 22] Sich im Griff zu haben, zahlt sich also aus – buchstäblich und im übertragenen Sinne.

Aber die gute Nachricht ist: Wie wir uns im Kindesalter verhalten, muss nicht unser ganzes Leben prägen. Der Wunsch, an der eigenen Impulskontrolle zu arbeiten, ist ein Schritt in die richtige Richtung. Lies weiter, wenn du wissen willst, wie du mehr Selbstdisziplin erlangst.

Sobald wir einer Versuchung widerstehen oder etwas Angenehmes aufschieben, beweisen wir Selbstdisziplin. Diese Willensstärke ermöglicht uns, Dinge zu erreichen, die nicht ohne Weiteres zu haben sind. Sich eine sofortige Belohnung zu versagen, fühlt sich meist ein wenig unangenehm an, weshalb es so vielen von uns schwerfällt.

Angela Duckworth von der Pennsylvania University fand bei ihren Forschungen zum Thema Selbstdisziplin heraus, dass diese ein besserer Indikator für Zeugnisnoten ist als angeborene Intelligenz.[23] Intelligent zu sein bedeutet, dass man in der Lage ist, neue Fähigkeiten zu erlangen und aus Fehlern zu lernen,[24] aber Selbstdisziplin ist etwas anderes. Disziplinierte Menschen können ihr Leben aktiv so ausgestalten, wie sie es wollen; sie haben die Kontrolle darüber, worauf sie ihre Aufmerksamkeit richten, und sind imstande, zugunsten von Langzeitzielen auf kurzfristige Freuden zu verzichten.[23]

Wie wir uns im Kindesalter verhalten, muss nicht unser ganzes Leben prägen.

Menschen, die über eine ausgeprägte Selbstdisziplin verfügen, scheinen darüber hinaus aus leistungsstärker zu sein. Wenn wir uns die Leichtigkeit anschauen, mit der sie alles schaffen, kann der Eindruck entstehen, dass ihnen alles zufliegt und sie es vielleicht sogar genießen. Doch das ist häufig nicht der Fall. Psychologische Studien zu »Überflieger:innen« in der Schule ergaben, dass sehr disziplinierte Kinder den konkreten Augenblick gar nicht als positiv empfanden.[23, 25] Was sie antrieb, war das angestrebte Ziel – gute Noten. Dieses Wissen beruhigt dich vielleicht, wenn du nicht von Natur aus fokussiert lernst oder arbeitest. Bei genauer Betrachtung verspüren die meisten von uns eine Abneigung gegen die tägliche Plackerei, selbst wenn wir uns ihr fügen. Und wer am längsten durchhält, gewinnt.

Selbstdisziplin ist die Folge einer Vision und des Willens, diese trotz aller Hindernisse umsetzen zu wollen. Das bestätigen die Forschungsergebnisse: Studien zeigen, dass Schülerinnen und Schüler, die mehr Zeit mit mühsamen Aufgaben wie Lernen verbracht haben, später im Leben über mehr Selbstdisziplin verfügen und meist Erfolg haben.

Bei unseren Forschungen an der Universität in Cambridge, die auf Untersuchungen mit mehr als 20 000 Probanden basierten, fanden wir heraus, dass eine ausgeprägte Selbstdisziplin auch der Psyche zugutekommt. Das Gefühl, uns selbst und unser Leben im Griff zu haben, kann uns dabei helfen, Sinn in der sich ewig wandelnden, chaotischen Welt zu finden. In diesem Zusammenhang schauten wir uns die Daten von Frauen mit einem starken »Kohärenzgefühl« an – Frauen, die die Welt als kontrollierbar und sinnerfüllt betrachten und glauben, dass Herausforderungen der Mühe wert sind. Diese Frauen litten selbst dann seltener unter Angstzuständen, wenn sie großen Widrigkeiten ausgesetzt waren, wenn sie etwa schwere Zeiten durchgemacht hatten und in Gegenden wohnten, wo die meisten Menschen kein Auto besaßen oder in sehr engen Verhältnissen lebten. Diese Frauen mit ihrem ausgeprägten Kohärenzgefühl waren davor gefeit, in schweren Zeiten in eine Abwärtsspirale zu geraten.

Daneben untersuchten wir eine zweite Gruppe von Frauen, diesmal Frauen mit einem schwächeren »Kohärenzgefühl«. Auch sie hatten mit erschwerten Lebensumständen zu kämpfen, aber im Gegensatz zur ersten Gruppe empfanden sie die Welt nicht als kontrollierbar und sinnerfüllt. Ihnen schien das Gefühl zu fehlen, etwas bewirken zu können, über das die erste Gruppe verfügte. Deshalb litten sie häufig unter Angstzuständen, wenn sie mit Problemen konfrontiert waren.

Aber schalten wir noch mal einen Gang zurück und wenden wir uns wieder der Selbstdisziplin zu. Schauen wir uns ein Beispiel eines Menschen an, dem es schwerfiel, sich zu beherrschen. Wie hat er seine Impulse in den Griff bekommen?

Wir sitzen alle im selben Boot

An dieser Stelle möchte ich gern ein Beispiel anführen.

Nick ist 25 Jahre alt. Seit jeher hat er Probleme mit der Selbstdisziplin. Nach dem Studium fing er an, sich gesund zu ernähren, und schwor sich, kein Fast Food mehr zu essen. Doch sobald er Hunger bekam, verpuffte seine Entschlossenheit. Er nahm sich vor, mehr Sport zu machen, und erneuerte seine Mitgliedschaft im Fitnessstudio, wo er dann auch zwei Kurse belegte und das Gefühl hatte, endlich etwas für seine Gesundheit zu tun. Doch nach einer kurzen Phase der Begeisterung kam ihm das Leben in die Quere, und es fiel ihm schwer, sich regelmäßig aufzuraffen. Und schon ging er nicht mehr hin, bis sein schlechtes Gewissen ihn Monate später wieder dazu drängte, sich mehr zu bewegen. Jedes Mal, wenn er einen Entschluss fasste, dauerte es nur ein paar Tage, bis er den Plan wieder aufgab. Das Problem war nicht seine Bereitschaft zu handeln oder etwas für sein Wohlbefinden zu tun; es war die Tatsache, dass er sich zu hohe Ziele steckte, die schwer durchzuhalten waren. »Entweder trainiere ich zwei- bis dreimal pro Woche oder gar nicht«, sagte er sich. Entweder ernährte er sich ausschließlich von gesundem Essen und verzichtete auf alle frittierten und zuckerhaltigen Produkte, oder er ließ es ganz. Sobald er müde war oder schlechte Laune hatte, war es um seine Selbstdisziplin geschehen – dann war es vorbei mit der Diät oder dem regelmäßigen Sportprogramm.

Das zweite Problem war, dass Nick sich, wenn er etwas Neues ausprobierte, in den ersten Tagen immer ziemlich erschöpft fühlte – weil er seine »Selbstdisziplin-Muskeln« betätigte, um das zu tun, wonach ihm eigentlich gar nicht der Sinn stand.

Diese »Durchhalte-Erschöpfung« kann uns alle treffen. Ist dir schon einmal aufgefallen, dass es dir anfangs schwerfällt, etwas zu tun, was neu für dich ist oder gegen deine Gewohnheiten geht? Immer, wenn du deine Selbstdisziplin-Muskeln nutzt, um etwas Neues auszuprobieren oder dich davon abzuhalten, aus einem Impuls heraus zu handeln, kostet dich das einen kleinen Teil deines Selbstdisziplin-Vorrats. Warum ist das so?

Als Martin Seligman von der University of Pennsylvania mehr als 100 000 Menschen aus 54 Ländern auf der ganzen Erde zu ihren Charakterstärken befragte, zeigte sich, dass »Selbstdisziplin« etwas war, das vielen Probleme bereitete.[27] Während Fairness und Freundlichkeit häufig als wichtigste Stärken genannt wurden, fand sich Selbstdisziplin erst weit unten auf der Liste. Offensichtlich fällt es Menschen überall auf der Welt schwer, Versuchungen zu widerstehen. Dieses Wissen ist tröstlich, und ich hoffe, du schaust jetzt etwas wohlwollender auf deine aktuellen Gewohnheiten und deine Bemühungen, sie zu ändern.

Der Preis der Selbstdisziplin

Jedes Mal, wenn du dich zusammenreißt, zahlst du einen Preis dafür. Selbstdisziplin ist eine begrenzte Ressource, und wenn wir an einer Stelle viel davon aufwenden, fehlt sie uns anderswo. Wenn du dir große Mühe gibst, dich auf eine bestimmte Weise zu verhalten, gewisse Gedanken zu unterdrücken oder eben keinen Schokoladenkuchen zum Mittagessen zu verspeisen, geht das auf Kosten deines Vorrats an Selbstdisziplin.[28] Untersuchungen haben ergeben, dass Menschen, die sich dazu zwangen, der Schokolade zu widerstehen, später, beim Lösen eines kniffligen Rätsels deutlich früher aufgaben, als diejenigen, die sich etwas Süßes gönnten.[29] Der Verzicht auf den Lieblingsdrink verlangt ebenfalls Selbstdisziplin und erschwert es uns, uns später bei anderen Dingen anzustrengen.[30] Das hat der US-amerikanische Wissenschaftler Mark Muraven in einer Studie erforscht, an der Gelegenheitstrinker im Alter zwischen 21 und 45 Jahren teilnahmen, die pro Woche mindestens ein alkoholhaltiges Getränk konsumierten.[30] Ihnen erteilte er folgende Anweisung: Sie sollten ihr gewohntes alkoholisches Getränk neben sich abstellen und nur daran riechen. Wenn sie wirklich wollten, konnten sie auch einen Schluck davon trinken, aber wenn möglich sollten sie es unterlassen. Dann legte man ihnen eine Reihe von Aufgaben vor. Aber da sie einen Teil ihrer Selbstdisziplin bereits durch den Verzicht auf den Drink aufgebraucht hatten, fiel es ihnen schwerer, diese Aufgaben zu erfüllen.

Du kannst dir sicher denken, was passiert ist, als Teilnehmende im gleichen Experiment nur ein Glas Wasser bekamen, um daran zu riechen? Sie schnitten bei den Aufgaben besser ab. Eines der Ergebnisse dieser Studie war also, dass Probanden, die der Versuchung des Alkohols widerstehen mussten, größere Probleme mit den Aufgaben hatten als diejenigen, die nur Wasser widerstehen mussten.

Was bedeutet das nun für uns? Sobald wir etwas, das wir mögen, zu sehen oder zu riechen bekommen – oder auch nur daran denken – und der Versuchung nicht nachgeben, geraten wir in einen inneren Konflikt: Wir wollen die verbotene Frucht, wissen aber, dass wir uns besser davon fernhalten sollten. Jedes Mal, wenn wir unseren Selbstdisziplin-Muskel betätigen, um uns über diesen inneren Konflikt hinwegzusetzen, kostet es uns Kraft, und wir erzielen bei späteren Aufgaben schlechtere Ergebnisse. Wir rutschen ins »Selbstdisziplin-Soll«.

Aber die gute Nachricht ist: Es gibt eine Möglichkeit, die Selbstdisziplin zu schützen, ein wenig mehr Energie aufzusparen und nicht so schnell zu ermüden. Das ist vor allem dann hilfreich, wenn man einer Versuchung widerstehen will. Es vereinfacht unser Leben und erhält uns unseren kostbaren Selbstdisziplin-Vorrat: Wir müssen nur die Umgebung verändern! Das ist eine der fünf folgenden Langzeitstrategien für mehr Selbstdisziplin.

5 STRATEGIEN
FÜR MEHR SELBSTDISZIPLIN

Lesedauer: 🕐 10 Minuten

1. Verändere deine Umgebung

Wenn dich der Impuls packt und du Schwierigkeiten hast, dich zu beherrschen, entferne das Objekt der Versuchung aus deinem Sichtfeld oder deiner Nähe, statt dich zusammenzureißen oder dir Beschränkungen aufzuerlegen.[31] Willst du beispielsweise aufhören zu trinken, entledige dich aller im Haushalt befindlichen Flaschen, damit kein Alkohol im Haus ist, wenn du das nächste Mal Lust auf einen Drink hast.

Wenn du dir abgewöhnen willst, bei der Arbeit ständig deine Textnachrichten zu überprüfen, lege das Handy in einen anderen Raum (ich habe das schon oft gemacht – es wirkt!). Früher habe ich mit dem Handy direkt neben dem Laptop gearbeitet, vor allem während des Masterstudiums – das taten viele von uns. Jedes Mal, wenn ich auf ein kleines Problem stieß oder irgendwie feststeckte, griff ich nach dem Handy, um mich abzulenken. Es sollte nur eine kurze Pause sein. Aber manchmal wurde aus einer Handvoll Textnachrichten eine Stunde Scrollen, und ehe ich mich's versah, hatte sich nicht nur meine Konzentration, sondern auch meine Motivation in Luft aufgelöst. Also beschloss ich, etwas zu ändern. Ich ließ mein Handy in einem anderen Zimmer liegen oder packte es in eine Schublade, sodass ich es nicht mehr sehen konnte. Und da es sich nun außer Sichtweite befand, vergaß ich es. Nun war ich deutlich produktiver; ohne die ständigen Unterbrechungen fiel es mir leichter, längere Zeit am Stück zu arbeiten. Das war die effektivste (und einfachste!) Methode, die ich je ausprobiert habe, um die Handysucht loszuwerden, die so viele von uns plagt.

Diese Strategie funktioniert aus einem einfachen Grund: »Aus den Augen, aus dem Sinn« – der alte Spruch trifft zu. Wenn wir aktiv etwas an unserer Umgebung verändern, fällt es uns leichter, die Disziplin zu wahren. Natürlich sind es vor allem die Menschen in unserem Umfeld, die uns beeinflussen. Aber auch die Gegenstände, die wir täglich sehen, machen etwas mit uns. Entferne die Objekte, die dich ablenken oder in Versuchung führen: Verstecke dein Handy, stelle die Benachrichtigungen auf deinem Computer ab, kaufe keine Süßigkeiten mehr ein. Auf diese Weise wirkt deine Umgebung förderlich, statt dir die Energie zu rauben, weil du ständig irgendwelchen Verlockungen widerstehen musst.

Die Gegenstände in unserem Blick-
feld haben eine Wirkung auf uns.
Das, was wir sehen, beeinflusst
unsere Gedanken und letztendlich
unsere Wünsche.

2. Trainiere den Selbstdisziplin-Muskel

Je mehr du deinen Selbstdisziplin-Muskel trainierst,
desto kräftiger wird er.[28] Den Beweis dafür liefert eine
wegweisende Untersuchung von Mark Muraven. Darin
wurden 69 Studierende aufgefordert, Aufgaben zu erledigen, die ein gewisses Maß an Selbstdisziplin verlangten[32] – beispielsweise fünf Minuten lang nicht an
Eisbären zu denken oder die Hand fest um einen Griff
zu schließen. Dauerhaft zuzudrücken und dem Impuls
lockerzulassen zu widerstehen, ist ermüdend und verlangt eine Menge Selbstbeherrschung.

Außerdem versuchte das Forschungsteam noch
etwas anderes, und dort nimmt die Geschichte eine
unerwartete Wendung. Man bat einige der Testpersonen, verschiedene Übungen über zwei Wochen hinweg
regelmäßig durchzuführen. Einige von ihnen wurden
aufgefordert, zwei Wochen lang ihre Haltung zu verändern: Sie sollten sich so häufig wie möglich gerade
hinsetzen oder aufrecht gehen. Andere erhielten den

Auftrag, sich um bessere Stimmung zu bemühen, wenn es ihnen nicht gut ging. Und wieder andere waren angehalten, genau festzuhalten, was sie jeden Tag aßen.

Nach den zwei Wochen kamen alle Beteiligten wieder zusammen, um die Selbstdisziplin-Übungen vom Anfang – die mit den Eisbären und dem Handgriff – zu wiederholen.

Doch dieses Mal fiel das Ergebnis anders aus: Diejenigen, die in der Zwischenzeit »trainiert« hatten, schnitten in jeder Hinsicht besser ab – es fiel ihnen deutlich leichter, die Übungen zu absolvieren. Sie empfanden die Anweisungen, die Anstrengungen verlangten, als weniger ermüdend. Und der Effekt schien auf andere Bereiche des Lebens auszustrahlen. Diese Studie zeigt, dass wir anfänglich Probleme haben, uns zu disziplinieren, etwa wenn wir regelmäßig Sport treiben oder abends an einem Projekt arbeiten wollen. Doch wenn wir am Ball bleiben und an unserer inneren Kraft arbeiten, auch durch Aktivitäten, die nichts mit unserem eigentlichen Vorhaben zu tun haben, wie etwa regelmäßige Spaziergänge über zwei Wochen hinweg, kann das positive Auswirkungen auf alle Bereiche unseres Lebens haben.

Die wichtigste Erkenntnis ist, dass wir, um unsere Selbstbeherrschung oder Selbstdisziplin zu stärken, den entsprechenden Muskel trainieren müssen. Wenn wir beharrlich an etwas dranbleiben, obwohl es einfacher wäre, aufzugeben, steigert das unsere Selbstdisziplin. Wir bauen unsere inneren Ressourcen aus und gewinnen langfristig an Kraft.

3. Tanke positive Gefühle

Mal angenommen, du hast an einem Tag mehrere Dinge zu erledigen. Selbst wenn du schon besser darin geworden bist, dich zu organisieren und den Selbstdisziplin-Muskel spielen zu lassen, verdirbt es dir vielleicht trotzdem die Stimmung, wenn dir langwierige Aufgaben oder eine Vielzahl von Pflichten bevorstehen und du körperlich oder geistig erschöpft bist. In diesen Augenblicken brauchst du vielleicht einen schnellen Stimmungskick, eine Zusatzdosis Positivität – irgendetwas, das dir gute Laune macht. Wenn du spürst, wie das Nachmittagstief einsetzt, ist es möglicherweise verlockend, sich einfach durchzubeißen. Doch laut Forschungen ist es besser, dann eine fünf- bis zehnminütige Pause einzulegen und dir eine kurze Belohnung zu gönnen. Eine Studie der Psychologin Dianne Tice hat gezeigt, dass Menschen, die zwischen verschiedenen Aufgaben ein Stimmungshoch erleben, insgesamt mehr Selbstdisziplin und Durchhaltevermögen an den Tag legen als andere, denen dieser Schub an Positivität fehlt.[33]

Positive Gefühle motivieren uns.

Und wie könnte diese Extradosis positiver Gefühle aussehen? Du könntest dir etwas Lustiges und Unterhaltsames angucken (in Tices Untersuchung schauen sich die Probanden Videos von Robin Williams und Eddie Murphy an, oder sie erhalten ein unerwartetes Geschenk).[33] Andere Möglichkeiten wären beispielsweise ein Gespräch mit einem engen Freund, Gute-Laune-Musik oder ein paar Minuten Tanzen.

4. Welche Vorteile hat der Verzicht?

Wenn uns etwas reizt, richten wir den Blick meistens auf die Vorteile, die es mit sich bringt, unserem kurzfristigen Verlangen nachzugeben. Deutlich effektiver ist es aber, sich den Preis vor Augen zu führen, den wir dafür zahlen würden. Jeder Versuch, uns zurückzuhalten oder uns zu einem bestimmten Verhalten zu zwingen, ist ein Bemühen, die sofortige Bedürfnisbefriedigung zu vermeiden. Und das fällt uns schwer, weil unser Blick immer auf die köstlichen Vorzüge der »verbotenen Frucht« gerichtet ist, auf die kurzfristigen Freuden. Konzentriere dich stattdessen lieber auf die Vorteile des Durchhaltens. Wenn du weniger Kaffee trinken willst, denke nicht an den Genuss, der dir entgeht, sondern an die Hibbeligkeit, die Nervosität oder die schlaflosen Nächte, die der Kaffee auslösen könnte, wenn du dem Verlangen nachgibst.

Egal, in was für einer Situation wir uns befinden – unsere Reaktion hängt immer von unserer Wahrnehmung ab. Und die können wir in den allermeisten Fällen bewusst steuern. Wenn du deine Aufmerksamkeit auf die langfristigen Nachteile der Verlockung richtest, lässt die Versuchung nach.

5. Ersticke die Versuchung im Keim

Es ist viel einfacher, etwas im Keim zu ersticken, als es erst wachsen zu lassen und sich anschließend damit auseinanderzusetzen. Ein Beispiel ist Zorn: Zorn lässt sich besser eindämmen, wenn er gerade aufkommt, einfach, indem man einen Schritt zurücktritt, um sich zu beruhigen, statt ihn erst anschwellen zu lassen und ihn dann bändigen zu wollen.

Knapp auf den Punkt

Selbstdisziplin lässt sich trainieren und verbessern. Mithilfe der Strategien in diesem Kapitel kannst du sie auch von Grund auf aufbauen. Selbst wenn du jetzt gerade das Gefühl hast, dich selbst schlecht im Griff zu haben, kannst du durch dein Verhalten etwas daran ändern. Bei zwei Autos, die sehr eng nebeneinander fahren, ist es am Anfang kaum zu erkennen, ob ihre Fahrtrichtung voneinander abweicht. Doch selbst wenn der Unterschied minimal ist, wird die Lücke zwischen den beiden Fahrzeugen mit der Zeit sehr groß. Zu Beginn bemerkst du vielleicht noch keine radikale Veränderung an dir, alles fühlt sich gleich an. Doch nach ein paar Trainingswochen hast du dich immer weiter von deinem alten Ich entfernt und befindest dich auf dem Weg in eine neue Zukunft.

Hast du ein Projekt oder ein Ziel, an dem du gerade arbeitest? Wenn ja, halte deine täglichen Fortschritte über zwei Wochen lang mithilfe der folgenden Tabelle fest. Je mehr Energie du in dein Projekt oder in das Erreichen deines Ziels steckst, desto stärker wächst deine Selbstdisziplin. Das bemerkst du, wenn dir die anstehenden Aufgaben plötzlich leichter fallen und du besser gelaunt bist.

Die Selbstdisziplin stärken

Schreibe auf, welches Vorhaben du angehen möchtest. Halte dann jeden Tag fest, wie viel Überwindung dich die Arbeit daran gekostet hat – von 1 (keine) bis 5 (viel). In der rechten Spalte bewertest du deine Stimmung zwischen 1 (schlecht) und 5 (gut). Je häufiger du dich an die Aufgabe setzt, desto leichter wird es dir fallen und desto besser wirst du gelaunt sein – ein Hinweis darauf, dass deine Selbstdisziplin zunimmt.

Vorhaben: _____

(etwa 10 000 Schritte pro Tag, Arbeit an einem kreativen Projekt)

	Überwindung	Stimmung
	1 = keine	1 = schlecht
	2 =	2 =
	3 =	3 =
	4 =	4 =
	5 = viel	5 = gut
Tag 1		
Tag 2		
Tag 3		
Tag 4		
Tag 5		
Tag 6		
Tag 7		
Tag 8		
Tag 9		
Tag 10		
Tag 11		
Tag 12		
Tag 13		
Tag 14		
Fazit		

KAPITEL 4

DU FÜHLST DICH GESTRESST?

Wie dir die Kraft des Humors helfen kann

Stress betrifft uns alle quasi jeden Tag. Und obwohl ein gewisses Maß an Stress gut ist, weil es uns dazu antreibt, etwas zu erreichen, schadet chronischer Stress unserer Gesundheit. Er kann schwerwiegende Auswirkungen auf Körper und Seele haben. Wir fühlen uns erschöpft, sind anfälliger für Depressionen, haben ein geschwächtes Immunsystem und können sogar einen Herzinfarkt erleiden. Manche Menschen sind gut darin, Stress auszuhalten, ohne dass er sich auf ihr psychisches Befinden auswirkt, während andere darunter leiden, nachts nicht mehr schlafen können und irgendwann »zusammenbrechen«.

Ein gutes Mittel für den Umgang mit Stress ist Humor, und deshalb geht es in diesem Kapitel darum, wie wir Humor dazu nutzen können, uns nicht unterkriegen zu lassen. Im Abschnitt »Stress – wissenschaftlich betrachtet« findet sich eine Zusammenfassung dessen, was Stress in unserem Gehirn und Körper anrichtet. Anschließend schauen wir uns fünf Strategien zur Stressbekämpfung an.

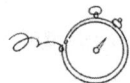

TIPPS FÜR DEN NOTFALL

• **Konzentriere dich fünf Minuten lang auf deinen Atem.** Atme langsam ein und aus. Versuche dabei, an nichts zu denken. Wenn die Gedanken trotzdem kommen, lass dich nicht auf sie ein und verwende keine Energie auf sie. Richte deine Aufmerksamkeit bewusst wieder auf deinen Atem. Das beruhigt dich in angespannten Situationen.

- **Versuche es mit Humor.** Das ist meine Lieblingsmethode, wenn mir jemand sehr zu schaffen macht und mich stresst. Sich kritische Situationen witzig und verquer vorzustellen, macht sie weniger bedrohlich. Etwa so:

Lass ein Gespräch, das dich gestresst hat, noch einmal vor deinem inneren Auge Revue passieren. Achte dabei auf deine Gefühle. Fühlst du dich unwohl und hast vielleicht sogar Bauchschmerzen? Dann stell dir vor, dass dein Gegenüber ein völlig absurdes Kostüm trägt, mit extrem hoher Stimme spricht oder wegen eines Schluckaufs alle zwei Sekunden hicksen muss. Spiel das Gespräch, das dich so gestresst hat, mit diesem verkleideten, sich lächerlich verhaltenden Gegenüber noch einmal durch. Wie fühlt es sich jetzt an? Durch diese Übung reduzierst du deine negativen Gefühle und verringerst deinen Stresslevel.

- **Triff dich mit jemandem, der gut drauf ist, denn Stimmung färbt ab.** Wenn du mies drauf bist, melde dich bei einer Person, die immer gut gelaunt ist und die dich zum Lachen bringt. Ihr könnt einen Spaziergang machen (oder telefonieren und währenddessen spazieren gehen). Mit fröhlichen Menschen zusammen zu sein, wirkt sich auf unsere Stimmung aus.

STRESS –
WISSENSCHAFTLICH BETRACHTET

Lesedauer: 🕐 2 Minuten

Wenn du mit einer Sache oder Person konfrontiert bist, die dich stresst, sorgt der Hypothalamus – der Teil des Gehirns, der wichtige Körperfunktionen reguliert – dafür, dass die Nebennieren aktiv werden. Die Nebennieren sind Drüsen, die Hormone wie Adrenalin und Cortisol produzieren. Diese stark angekurbelte Hormonausschüttung ist eine unserer Reaktionen auf Stress. Adrenalin und Cortisol versetzen uns in Aktionsbereitschaft, wenn wir uns in Gefahr wähnen, und spielen eine Rolle bei der Kampf-oder-Flucht-Reaktion: Unser Herzschlag beschleunigt sich, Blutdruck und Blutzuckerspiegel steigen. Diese körperliche Reaktion ist im akuten Fall hilfreich, weil wir dadurch aufmerksamer werden und besser mit der Stresssituation umgehen können. Heikel wird es, wenn sich der Stress zum chronischen Zustand entwickelt und der Körper ständig im Kampf-oder-Flucht-Modus ist. Wenn du dauerhaft angespannt oder gereizt bist und ein Übermaß an Hormonen wie Cortisol im Körper hast, kann das zu Depressionen, Herzerkrankungen oder Beeinträchtigungen der Gedächtnisfunktion führen.

Doch wenn du auf Humor setzt und anfängst zu lachen, lässt die Stressreaktion nach. Die Konzentration der Stresshormone Cortisol und Adrenalin sinkt, chemische Stoffe wie Endorphine werden freigesetzt. Sie sind die natürlichen Schmerzmittel unseres Körpers und sorgen dafür, dass wir uns wohlfühlen.

Es gibt wissenschaftlich fundierte Maßnahmen, die du ergreifen kannst, um deinen Stresslevel zu reduzieren. Wichtig ist dabei, dass du diese Schritte regelmäßig jeden Tag durchführst, denn sonst wirken sie nicht. Wenn du dir tagsüber ständig Sorgen machst oder dich an negativen Gedanken aufhängst, verstärkt das dein Stressempfinden und wirkt sich auf deinen Schlaf später aus. Viele Menschen sprechen über die »Schlafhygiene« und was man vor dem Zubettgehen tun oder lassen sollte, um leicht in den Schlaf zu finden, dabei gibt es aber auch eine »Taghygiene«, die es zu beachten lohnt. In vielerlei Hinsicht ist das, was wir tagsüber machen, genauso wichtig wie das, was wir direkt vor dem Schlafengehen tun. Wer sich darum kümmert, dass es ihm tagsüber psychisch gut geht, kommt auch abends deutlich leichter zur Ruhe und kann abschalten.

5 STRATEGIEN GEGEN STRESS

Lesedauer: ⏱ 10 Minuten

1. Humor als Gegenmittel

Eine geniale Strategie, um Alltagsstress zu ertragen, ist Humor. Wenn wir gestresst sind, haben wir unsere Gefühle nicht im Griff und fühlen uns schnell überfordert. Humor ist ein mächtiges Gegenmittel. Er wirkt, indem er uns vom akuten Problem ablenkt, selbst wenn es nur für einen kurzen Augenblick ist. Freud sagte, dass uns Humor eine »philosophische Distanz« zum Leben verschafft. Sobald wir unsere Aufmerksamkeit auf etwas Lustiges richten, nehmen wir das Leben – zumindest für den Moment – weniger ernst. Und das bedeutet, dass wir uns aus dem Klammergriff des Stresses lösen und fröhlicher werden.[35]

In der Fachwelt heißt das »Bewältigungshumor«. Wenn Menschen schwierige Situationen durchleben und unter Stress leiden, ist der Einsatz von Humor hilfreicher, als ernst zu bleiben.[35, 36] Das wirkt auf den ersten Blick vielleicht widersprüchlich – intuitiv könnte man glauben, dass Probleme mit der angemessenen Ernsthaftigkeit angegangen werden müssen. Man könnte meinen, dass Probleme, über die man sich nicht genügend Gedanken macht, nicht auf die erwünschte Weise gelöst werden können. Aber diese Denkweise führt uns in eine Richtung, die unserem Wohlbefinden abträglich sein kann. Wenn wir uns ganz auf unsere Probleme einschießen und nur noch um sie kreisen, werden sie in unserer Wahrnehmung immer größer und der Stress nimmt zu. Deshalb ist es so wichtig, Strategien wie Humor einzusetzen, um Abstand zu gewinnen.

Meine Großmutter nimmt alles im Leben mit Humor, egal, was ihr passiert. Sie hat Herzprobleme, hat einen ziemlichen Schock ihre Gesundheit betreffend überstanden und ihren Mann zu Grabe getragen – dennoch ist ihre Lebenseinstellung grundsätzlich positiv. Sie nutzt jede Gelegenheit, um zu lachen und Witze zu machen, und ist einer der fröhlichsten, optimistischsten Menschen, die ich kenne.

Humor als Mittel gegen Stress fördert die psychische Gesundheit – Forschungen weisen darauf hin, dass er negative Gefühle vertreibt und Platz für positive Gefühle schafft. Außerdem ermöglicht er uns eine kurze Atempause von unseren Problemen.[35, 37] Das belegt eine Studie, die an der Western Carolina University durchgeführt wurde.[38] Dabei wurden die 84 Teilnehmenden in drei Gruppen aufgeteilt, um einen Algebratest zu absolvieren. Die erste Gruppe bekam vor dem Test zehn Cartoons vorgelegt, die zweite Gruppe erhielt Gedichte, die sie lesen sollte, und die dritte Gruppe nichts von beidem. Dann mussten alle den Test machen. Das Forschungsteam stellte fest, dass die Cartoon-Gruppe besser abschnitt als die anderen. Als es wissen wollte, warum, ließen verschiedene Messungen, die man während des Experiments durchgeführt hatte, den Schluss zu, dass es im Grunde einzig und allein eine Frage der Nervosität war: Die Personen, die die lustigen Cartoons gelesen hatten, waren weniger nervös (eine Form von Stress), und das sorgte dafür, dass sie bessere Leistungen erzielten als die anderen beiden Gruppen.

Durch Humor gewinnen wir Abstand zu unseren Problemen und bewahren unsere gedankliche Klarheit.

Das zeigt, dass uns, wenn wir gestresst und gereizt sind, manchmal der klare Blick fehlt. Die Beschäftigung mit etwas Lustigem – seien es Cartoons, eine Sitcom, ein Meme oder ein Video – verschafft uns eine Atempause und erhöht unsere Konzentrationsfähigkeit.[38, 39] Daher solltest du versuchen, täglich eine »Humorzeit« einzuplanen, etwa 15 Minuten am Tag.

Witze zu reißen, wenn dir am wenigsten danach ist – etwa wenn du total im Stress bist –, löst positive Gefühle aus, die wiederum für mehr Wohlbefinden und Resilienz sorgen.[40, 41, 42]

Außerdem kann Humor manchmal die gesamte Atmosphäre im Raum verändern – das kennst du sicher, wenn du schon einmal einen blöden Streit mit jemandem hattest, der dir nahesteht, und ihr euch versöhnt habt, nachdem eine:r von beiden durch einen Witz das Eis gebrochen hat. Das Tolle ist, dass man nicht mit einem Talent zur Komik geboren sein muss – Humor lässt sich trainieren.

2. Achte auf die Form des Humors

Die Art von Humor, die wir anwenden, kann einen bestimmten Effekt auf unsere psychische Gesundheit haben. Menschen, die zu gutmütigem Humor neigen, erleben mehr positive und weniger negative Gefühle als solche, die häufig zu Sarkasmus oder Ironie greifen. In einer Untersuchung an der Stanford University mussten sich die Probanden eine Reihe negativ konnotierter Bilder anschauen (von Autounfällen und aggressiven

Tieren).[37] Das Forschungsteam dokumentierte, wie sie emotional darauf reagierten, um zu ermitteln, welche Wirkung diese Bilder ohne weitere Einflussnahme auf sie hatten. Dann erhielten einige Teilnehmende die Anweisung, sich die Bilder anzuschauen und humorvolle Aspekte darin auszumachen, auf gutmütige, empathische Art und Weise, etwa in Hinblick auf die kleinen Unvollkommenheiten des Lebens, aber ohne Spott und Häme. Andere bekamen die Bilder vorgelegt und sollten sich darüber lustig machen, sie verächtlich und von oben herab ins Lächerliche ziehen. Dann wurde erneut ermittelt, wie die emotionale Reaktion ausfiel. Dabei stellte man fest, dass der Einsatz von gutmütigem Humor die positiven Empfindungen gestärkt und die negativen abgeschwächt hatte, mehr, als es bei den Personen, die sich über die Bilder lustig gemacht hatten, der Fall war. Daher ist es sinnvoll, auf gutmütigen Humor zu setzen, wenn wir über unseren Stress und unsere Probleme lachen wollen.

Eine Ausnahme scheint es allerdings zu geben. Wohlwollender Humor ist gut, wenn wir mit Abgabefristen bei der Arbeit oder unangenehmen Situationen zu kämpfen haben. Doch wenn wir ein Trauma erlitten haben oder uns in einer absolut überwältigenden Notlage befinden, können auch bitterböser Humor und Spott sehr effektiv sein. Auch Kriegsgefangene berichten, dass sie auf diese Art von Humor zurückgegriffen haben, um sich Erleichterung zu verschaffen (den sogenannten »Galgenhumor«). Wenn sie unter sich waren, machten sie sich über die Wachen oder ihre widrige Lage lustig. Das verschaffte ihnen das Gefühl, ein gewisses Maß an Kontrolle auszuüben, unter Bedingungen, die sich eigentlich völlig ihrer Kontrolle entzogen.[43, 44]

Wenn du dich also in einer Situation befindest, in der du machtlos bist, kann Galgenhumor hilfreich sein. Er ermöglicht uns, eine gewisse Distanz zwischen uns und dem Problem zu erzeugen.

3. Halte Ausschau nach Wortspielen

Keine Angst, wenn du dich für einen eher ernsten Menschen hältst, den andere nicht lustig finden! Bei der Stressbewältigung durch Humor geht es nicht unbedingt darum, andere durch geniale Witze zu unterhalten, sondern darum, sich selbst zum Lachen zu bringen. Vor allem, wenn einem gerade überhaupt nicht danach ist. Dabei geht es darum, eine entspanntere Einstellung zum Leben zu entwickeln und zu bewahren und nicht immer alles übermäßig ernst zu nehmen. Sobald man lacht, geht es einem oft schon besser. Wir können bewusst daran arbeiten, unbeschwerter zu sein und dem Humor mehr Platz in unserem Leben einzuräumen.

Wir können uns
angewöhnen,
humorvoller
zu sein.
Wissenschaftler
nennen das
»Humortraining«.

Ein Weg, für mehr Humor im Alltag zu sorgen, besteht darin, Ausschau nach kleinen Dingen zu halten, die uns zum Lachen bringen, etwa nach Wortspielen. Auf Wortspiele in Zeitungen oder auf Ladenschildern zu achten, ist eine einfache Methode, humorvoller durch den Tag zu kommen. Sobald du dich nach mehr Humor umguckst, wirst du feststellen, dass er leicht zu finden ist.[35]

4. Finde deinen Humor

Gucke oder höre dir verschiedene Arten von Comedy an, um herauszufinden, welche Art dir am besten gefällt – Slapstick, schwarzer Humor oder vielleicht eine satirische Aufbereitung der Nachrichtenlage? Das verschafft dir einen Einblick in deinen Sinn für Humor.[35] Sobald du weißt, was dir zusagt, kannst du dieses Interesse vertiefen. Such dir weitere Shows oder Sendungen dieser Art heraus. Besuche die Stand-up-Auftritte deiner lokalen Lieblings-Comedians. Nimm dir die Zeit, lustige Dinge anzuschauen, ganz so, als sei es dir vom Arzt verschrieben worden. Oder finde heraus, wie du dich selbst zum Lachen bringen und deinen bevorzugten Humor auf diese Weise in dein Leben einbeziehen kannst, sei es im Rahmen einer Theatergruppe, beim Lachyoga oder auf der Stand-up-Bühne. Probiere einmal aus, wie es ist, selbst aktiv zu werden, statt nur passiv zuzuschauen.

5. Umgib dich mit lustigen Dingen

Eine weitere Möglichkeit, Humor in deinen Alltag zu integrieren, besteht darin, deine Lieblings-Memes auszudrucken oder deinen Arbeitsplatz mit Figuren zu dekorieren, die dich zum Lachen bringen. Auf meinem Schreibtisch stehen zwei Schlümpfe. Einer trägt eine Brille, hat ein Buch in der Hand und zeigt mit dem Finger auf mich, als wollte er sagen: »Es ist noch zu früh für eine Pause!«

Die Gegenstände um uns herum wirken sich auf unsere Psyche und unser geistiges Wohlbefinden aus. Deshalb tut es uns so gut, uns mit Dingen zu umgeben, die uns ein Lächeln entlocken oder uns – noch besser – zum Lachen bringen.

Knapp auf den Punkt

Humor ist ein wirkungsvolles Mittel gegen Stress. Er verschafft uns eine »philosophische Distanz« zum Leben, erzeugt einen gewissen Abstand zum aktuellen Problem und sorgt für eine neue Perspektive. Selbst wenn du meinst, keinen Sinn für Humor zu haben, kannst du ihn dir antrainieren. Am besten fängst du damit an, auf lustige Details in deinem Umfeld zu achten. Wenn wir bewusst nach Schrägem und Witzigem Ausschau halten, stellen wir häufig fest, dass wir doch Humor haben. Und schon verändert sich unsere Stimmung.

KAPITEL 5

DU FÜHLST DICH ÜBERFORDERT?

So kannst du wieder zu dir finden

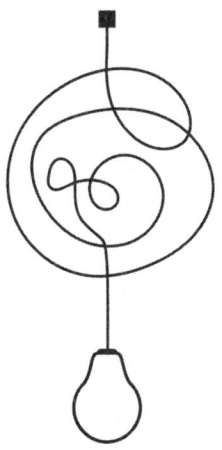

Das E-Mail-Postfach quillt über, es sind Berichte fällig, der Chef bittet dich, zu ihm ins Büro zu kommen, und du hast das Gefühl, kurz vor dem Burn-out zu stehen? Oder du bist alleinerziehend oder pflegst einen kranken Menschen und bist völlig ausgelaugt?

Ein paar schnelle Tipps zum Umgang mit Überforderung findest du unter »Tipps für den Notfall«. Danach geht es in diesem Kapitel um die psychologischen Aspekte des Zur-Ruhe-Kommens: Wie du es schaffst, Zeiten der Überforderung zu überstehen, und mit welchen Strategien du langfristig etwas veränderst.

TIPPS FÜR DEN NOTFALL

- **Sorge für mentale Entrümpelung.** Neuigkeiten aus den sozialen Medien, aktuelle Nachrichten, E-Mails, Push-Mitteilungen … all das häuft sich zu mentalem Gerümpel an. Die Informationen aus diesen Quellen blockieren in unserem Gehirn den Platz, den wir für wichtige Dinge brauchen. Das ist ungefähr so wie bei einem Behältnis voller Wasser und Schlamm, in dem sich der Schlamm abgesetzt hat und das Wasser klar ist – bis wir das Gefäß schütteln: Schon trübt sich die Flüssigkeit. Das Gleiche passiert in unserem Kopf, wenn wir ihn mit allerhand Informationen vollstopfen. Dann können wir nicht mehr klar sehen.

Wenn du dich überfordert fühlst, lege einen Zeitraum fest, in dem du dich mal abschottest – sagen wir, zwei Stunden lang. Das sorgt für einen klaren Kopf und gestattet dir, Dinge abzuarbeiten, was den Stresspegel deutlich senkt.

- **Atme in den Bauch.** Stell dir vor, in deinem Bauch befindet sich ein Luftballon, der sich mit jedem Einatmen ausdehnt. Beim Ausatmen schrumpft er dann wieder. Wiederhole das mehrmals – die Übung trägt zu einer besseren Atemtechnik bei und entspannt dich.

ZUR RUHE KOMMEN –
PSYCHOLOGISCH BETRACHTET

Lesedauer: 🕐 10 Minuten

Wenn zu viele Dinge auf einmal passieren, wir von Reizen überflutet werden, bezeichnen wir uns als »überfordert«. Unser Gehirn übersteuert, und wir haben das Gefühl, weder ein noch aus zu wissen. In solchen Phasen haben wir manchmal das Bedürfnis, zur Ruhe zu kommen, uns innerlich zu besänftigen. In der Psychologie sehen wir beim Begriff »besänftigen« einen Elternteil vor uns, der auf ein weinendes Kind einwirkt, es im Arm hält, streichelt, hin und her wiegt und liebevoll mit ihm spricht.[45] Wenn wir als Erwachsene meinen, eine Situation nicht mehr auszuhalten, wenn wir überreizt sind und am liebsten in Tränen ausbrechen würden, müssen wir uns selbst besänftigen. Wir müssen uns vorsichtig in den Arm nehmen und auf die leise, kleine Stimme in unserem Inneren hören, die uns sagt, was wir jetzt brauchen. Das zeigt zum Beispiel die Umzugsgeschichte meiner Freundin Clare:

»Eines Abends war ich völlig davon überwältigt, wie viel noch von meiner alten Wohnung in die neue gebracht werden musste. Ich hatte das Gefühl, keine Energie mehr zu haben; ich konnte mich nicht mehr bewegen und war total fertig. Fast wäre ich in Tränen ausgebrochen. In den Wochen zuvor hatte ich mich außerdem total schlecht ernährt; ich hatte viel Pizza gegessen, aber kaum Obst und Gemüse und glaubte, dass mir deshalb die Energie fehlte. An jenem Abend lief in meinem Kopf immer wieder ein Film der Dinge ab, die ich zu erledigen hatte: Ich musste die Gegenstände, die noch in der alten Wohnung waren, durchsehen und verpacken, sie in Kisten verstauen und so weiter. Ich sagte mir, dass ich an jenem Abend so viel schaffen sollte wie irgendwie möglich, da die Wohnung bis Ende der Woche komplett leer sein musste. Aber die Menge an Dingen, die an jenem Abend zu tun waren, überforderte mich und trieb mir die Tränen in die Augen. Also beschloss ich,

mich an andere Menschen zu wenden, damit sie mich aus meinem emotionalen Loch holen. Doch als ich meine Familie anrief, hatte dort niemand Lust, sich meine Klagen anzuhören, und als ich auf mein Handy guckte, um zu schauen, ob mir jemand eine Nachricht geschrieben hatte, die mich aufmuntern könnte, war nichts da. In dem Augenblick wurde mir klar, dass mir niemand aus meinem Stimmungstief heraushelfen konnte, und ich wusste nicht, was ich tun sollte.

Also sagte ich mir: ›Lass es einfach ruhig angehen.‹ Ich beschloss, mich in die alte Wohnung zu begeben, dort das zu machen, was ich schaffte, und es dann dabei bewenden zu lassen. Ich würde langsam dorthin laufen, in meinem Tempo, ohne Eile, und dann so viel zusammenpacken, wie an dem Abend möglich war.

Dann passierte etwas Erstaunliches. Auf dem Weg zur alten Wohnung verspürte ich plötzlich einen Energieschub. Und als ich dort ankam und anfing, die Dinge in meinem Rhythmus abzuarbeiten, besserte sich auch meine Laune. Ich machte immer weiter und hatte irgendwann alles erledigt, was ich mir anfangs vorgenommen hatte – ganz, ohne es darauf angelegt zu haben. Da verstand ich, dass meine extreme Antriebslosigkeit nicht auf meine unvernünftige Ernährung zurückzuführen gewesen war, sondern darauf, dass ich mir zu viel Druck gemacht hatte. Sobald ich meinen An-

spruch, was ich an jenem Abend schaffen wollte, heruntergefahren hatte, war die Energie zurückgekehrt. An jenem Abend verließ ich mich nicht auf andere, um mich emotional aufzubauen, sondern nur auf mich selbst. Menschen sind launisch – manchmal sind sie für uns da, manchmal nicht. Doch an dem Abend erkannte ich: Wenn es darum geht, Phasen zu überstehen, in denen alles zu viel ist, und wieder Zuversicht zu schöpfen, kann man sich so richtig nur auf sich selbst verlassen.«

Clares Geschichte macht Mut und ist ein perfektes Beispiel für das, was die Wissenschaft schon seit Langem sagt: Ein effektives Mittel gegen Überforderung besteht darin, bewusst zur Ruhe zu kommen. Das erreichen wir, indem wir unsere Ansprüche und Erwartungen an uns herunterschrauben und es langsam angehen lassen. Das besänftigt uns, so, wie ein Elternteil ein Baby besänftigt. Wenn wir unserer inneren Stimme folgen und nicht zu hart mit uns ins Gericht gehen, fühlen wir uns schnell besser. Wer für Entschleunigung sorgt, ist viel eher in der Lage, alles zu schaffen.

Wie du diese Taktik auf deine eigene Situation anwenden kannst, zeigt der folgende, fünf Schritte umfassende Prozess, der dir helfen soll, dem Gedankenkarussell Einhalt zu gebieten und die Überforderung in den Griff zu bekommen. Je konsequenter du diese Strategien anwendest, desto ruhiger wirst du dich in jenen Phasen und auf lange Sicht fühlen.

5 STRATEGIEN
GEGEN ÜBERFORDERUNG

Lesedauer: 🕐 10 Minuten

1. Der Pause-Knopf

Das Erste, was du tun kannst, um dich besser zu fühlen, ist, auf den Pause-Knopf zu drücken. Hör auf, Menschen und Berichten hinterherzujagen und ständig darüber nachzudenken, was du als Nächstes tun musst.
Drück einfach auf »Pause«. Das wirkt immer dann, wenn
du dich überfordert fühlst, weil du dem Zeitplan hinter-
herhinkst. Und genauso gut funktioniert es, wenn du
unermüdlich einem Köder hinterherläufst, den dir jemand vor die Nase hält, um dich anzutreiben – egal,
ob es um einen höheren Posten in einem Unternehmen
geht, das seine Mitarbeiter so gut wie nie befördert, um
eine Person, die du für dich einnehmen willst, an die du
aber irgendwie nie so richtig herankommst, oder um
eine Freundschaft, die gerade auf der Kippe steht.

Wenn wir uns überfordert fühlen, sollten wir nicht
noch schneller laufen, sondern stehen bleiben. Das
heißt, für kurze Zeit keinem Ziel mehr hinterherjagen,
nicht mehr alles gleichzeitig jonglieren oder darüber
nachdenken, wie viel noch zu tun ist, sondern: innehal-
ten. Ich habe diese Taktik vor einiger Zeit angewandt,

als ich überlastet war und das Gefühl hatte, in einem Karussell zu sitzen, das ich nicht mehr anhalten konnte: Der Tag begann mit einer Videokonferenz am Morgen, dann schrieb ich gefühlt mehrere Stunden lang E-Mails, bevor direkt das nächste Meeting anstand. Gegen Ende des Tages hatte ich den Eindruck, nichts geschafft zu haben. Aber statt mich auf meine To-do-Liste zu stürzen, um ziellos ein paar Punkte abzuarbeiten, hielt ich inne. Das verschaffte mir etwas inneren Frieden, und das Karussell kam zum Stehen.

2. Konzentriere dich auf den nächsten Schritt

Sobald du dir erlaubt hast, einmal tief durchzuatmen, kannst du wieder loslegen. Stell dir die Frage: Gibt es unter den vielen Punkten auf der To-do-Liste eine Sache, die du jetzt gleich angehen kannst und die dir das Gefühl geben wird, etwas geschafft zu haben? Eine Sache, die dir, wenn du sie jetzt in Angriff nimmst, den Eindruck vermittelt, einen Fortschritt erzielt zu haben?

Entscheide dich also für einen Punkt von der Liste und blende alles andere für den Moment aus. Kein Multitasking. Setz die »Scheuklappen« auf und verschwende keinen Gedanken an das, was sonst noch zu tun wäre. Wenn die eine Sache erledigt ist, mach dir bewusst, was du erreicht hast. Freu dich darüber, dass es geschafft ist.

Diese Strategie kannst du für jede einzelne Aufgabe anwenden. Sobald du mit der ersten fertig bist, richte deine Aufmerksamkeit auf diejenige, die dich deinem

Ziel ein weiteres Stück näherbringt, und konzentriere dich ganz darauf, während du alles andere einfach ignorierst.

> Wenn du dich überfordert fühlst, konzentriere dich auf eine einzelne Sache, bei der du das Gefühl hast, gut voranzukommen.

3. Schieb die negativen Gedanken beiseite

Wenn wir uns überfordert fühlen, schwirren uns alle möglichen Gedanken durch den Kopf. Um zur Ruhe zu kommen, musst du dich dieser Gedanken entledigen. Stell dir vor, du willst eine schmutzige Küche putzen, mit lauter Krümeln auf dem Boden – dann nimmst du einen großen Besen und kehrst den Dreck weg. Ganz ähnlich läuft es auch in unserem Kopf ab: Wir holen uns einen metaphorischen Besen und fegen die To-do-Listen, Sorgen und Ängste, die dort herumfliegen, einfach hinaus. Wir entscheiden uns bewusst dafür, alles loszulassen.

Als Studentin habe ich mal einen Kurs in Pharmakologie belegt, und für die Prüfung musste ich große Mengen an Wissen auswendig lernen. Die Dozentin versprühte eine ansteckende Lebensfreude. Sie quetschte

sehr viele Informationen in jede Seminarstunde, sodass man ihren Worten aufmerksam folgen musste, um
nichts zu verpassen. Als wir uns vor einer Prüfung ver-
rückt machten und darüber rätselten, wie wir uns die
ganzen Namen und Wirkungsweisen der Medikamente
merken sollten, meinte sie ganz zuversichtlich: »Macht
euch keine Sorgen. Das raubt euch nur die Kraft.« Noch
heute, viele Jahre später, habe ich ihre vertraute, selbst-
sichere Stimme im Ohr, als sie diese Worte aussprach.

Wenn wir uns von allen ängstlichen Gedanken frei-
machen und unsere Konzentration bewusst nur auf eine
konkrete Aufgabe richten, wenn wir darüber nachdenken, wie wir diese Aufgabe bewältigen können, geht es
uns gleich besser. Wir fühlen uns leichter. Und das verleiht uns paradoxerweise neue Kraft.

4. Umsorge deinen Geist
Vor einigen Jahren kam ein Mönch zu uns an die Universität, um einen Vortrag zu halten. Die Veranstaltung
fand an einem ruhigen Sonntagnachmittag statt, und
ich erinnere mich noch heute daran, wie still es in dem
alten Zimmer war, während der Mann sprach. Er sagte,
dass wir unsere Anstrengungen, wenn wir überfordert
und emotional durcheinander sind, meist darauf richten, uns mit dem Inhalt unserer Gedanken auseinanderzusetzen. Wir versuchen, die Sorgen und Befürchtungen, um die unser Denken kreist, zu bekämpfen,
wie ein Schwertkämpfer, der sich einem Feind nach
dem anderen stellt. Taucht beispielsweise ein Gedanke

auf, der uns völlig in Anspruch nimmt, müssen wir uns gleich um ihn »kümmern« – wir tun alles, damit er verschwindet. Und das funktioniert: Die negativen Gefühle lassen nach. Aber dann kommt ein anderer besorgniserregender Gedanke, und es geht wieder von vorn los. Auf Dauer ist dieses ständige Bekämpfen der Gedanken ziemlich ermüdend.

Der Mönch erklärte uns, dass wir statt auf den Inhalt unserer Gedanken eher darauf schauen sollten, wie sie sich verhalten. Es sei zwecklos, den Blick auf den Inhalt zu richten, weil sich dieser ständig ändere. Wenn der Geist sehr verunsichert oder in Aufruhr ist, tauchen alle möglichen verstörenden Bilder auf, und wir sind überfordert. Sobald er aber zur Ruhe kommt, lassen die Gedanken, Bilder und Attacken nach. Doch wie erreichen wir das? Dafür musst du deinen Geist im übertragenen Sinn in den Arm nehmen, ihn wiegen wie ein unruhiges, kleines Kind und geduldig sein, bis er besänftigt ist.

Eltern von rastlosen Kindern versuchen oft, sie abzulenken, indem sie ihnen mehr Spielzeug geben oder ihnen etwas Neues zeigen. Der Mönch aber meinte, sie bräuchten im Grunde nicht noch mehr Gegenstände, sondern Aufmerksamkeit. Wenn wir also unsere Konzentration auf das »Kind in unserem Herzen« richten, wie es der Mönch formulierte, und ihm zuhören, kommen wir zur Ruhe. Sobald wir uns hingesetzt und erkannt haben, dass die Flut verängstigter und sorgenvoller Gedanken einem aufgebrachten – einem überforderten – Geist entspringen, verändert sich unsere Wahrnehmung. Dann fangen wir an, darüber nachzudenken, was wir gegen den Aufruhr tun können. Und so wird aus Rastlosigkeit innerer Frieden.

5. Lass Nachsicht walten

Oft führt der Versuch, alles abarbeiten zu wollen, dazu, dass nichts fertig wird, weil wir überfordert und gestresst sind und das Gefühl haben, nichts auf die Reihe zu bekommen. In solchen Phasen ist es wichtig, nachsichtig zu sein. Tu, was du kannst, und gib dich damit zufrieden. Auf diese Weise wirst du am Ende mehr erreicht haben, als wenn du dich zwingst, »alles zu schaffen«.

Stell dir vor, du erhältst Besuch von einer Freundin und sie erzählt dir von der Vielzahl von Dingen, die sie gerade überfordern – was würdest du ihr sagen? Wahrscheinlich hättest du Mitleid mit ihr und würdest ihr raten, gut auf sich aufzupassen. Du würdest sanft und wohlwollend mit ihr sprechen. So solltest du auch reagieren, wenn du selbst das Gefühl hast, unter der Last zusammenzubrechen. Sei nett zu dir und verhalte dich dir gegenüber wie eine gute Freundin.

Knapp auf den Punkt

Wenn du dich überfordert fühlst, fällt es dir möglicherweise schwer, gut zu schlafen, auf dich zu achten und überhaupt etwas zu schaffen. Doch der erste Schritt zur Besserung besteht darin, Nachsicht walten zu lassen: Drück auf den Pause-Knopf und nimm dir Zeit, tief durchzuatmen. Gestatte dir, kurz innezuhalten und alles auszublenden. Wenn du dich bereit fühlst, wieder loszulegen, nimm dir eine Sache nach der anderen vor. Konzentriere dich auf das, was dich im Leben voranbringt. Lass es ruhig angehen und mach es nicht zu kompliziert. Wie Martin Luther King sagte: »Du musst nicht gleich an die ganze Treppe denken; nimm erst einmal die erste Stufe.«

KAPITEL 6

DU FÜHLST DICH ÄNGSTLICH?

Wie du mit schwierigen Gedanken
umgehen kannst

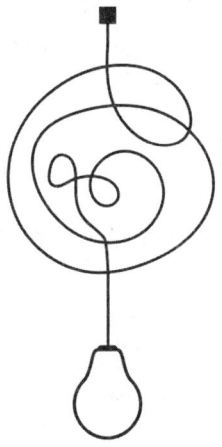

Wenn du dieses Kapitel aufgeschlagen hast, plagen dich vermutlich unerwünschte Gedanken – Gedanken, die dir ein Gefühl der Hilflosigkeit vermitteln und die du gerne loswerden möchtest, die aber immer wieder zurückkehren. Oder du hältst dich für einen pessimistischen Menschen und würdest das gern ändern. Auf den nächsten Seiten habe ich die wichtigsten wissenschaftlichen Erkenntnisse rund um das Thema »Optimismus« zusammengestellt. Was ist Optimismus? Warum sind manche Menschen optimistischer als andere? Wie können wir uns so verändern, dass wir das Leben führen, das wir führen wollen? Darin könnte auch die Antwort auf die Frage verborgen liegen, wie man ein optimistischeres und vielleicht sogar erfüllteres Leben lebt.

TIPPS FÜR DEN NOTFALL

- **Verjage deinen inneren Tyrannen.** Worte haben Macht, mehr, als uns bewusst ist. Jedes Mal, wenn du dir selbst (oder anderen) erzählst, du seist ängstlich, unfähig oder schüchtern, setzt sich eine Identifikation mit diesen Eigenschaften in deinem Unterbewusstsein fest. Um dem zu entkommen, musst du deinen inneren Tyrannen verjagen und immer nur so mit dir selbst sprechen, wie du es mit Freundinnen und Freunden tust.

- Frage dich: »Gibt es etwas, das mir hilft und das ich sofort tun kann?« Immer, wenn du dich hilflos fühlst, weil du keinen Einfluss auf den Ausgang einer Sache hast oder glaubst, versagt zu haben, stelle dir diese Frage. Damit übernimmst du das Ruder und veränderst deinen Fokus. Wenn du anschließend wieder zu dem Problem zurückkehrst, werden sich deine Sicht darauf und deine Stimmung verändert haben.

ÄNGSTE – PSYCHOLOGISCH BETRACHTET

Lesedauer: 🕐 10 Minuten

Menschen, die schon seit langer Zeit unter Ängsten leiden, halten diese manchmal für einen Teil ihrer Persönlichkeit. Sie glauben, von Natur aus ängstlich oder angespannt zu sein und nichts dagegen tun zu können, was ein Gefühl der Hilflosigkeit auslöst. Aufgrund ihrer Unsicherheit im Umgang mit Menschen sind sie der Meinung, »seltsam« oder »schüchtern« zu sein. Oder sie können nicht anders, als sich ständig Sorgen zu machen, und meinen deshalb, sie seien ein wenig crazy. Und so warten sie jahrelang, bis sie jemandem erzählen, was sie durchmachen.[46] Doch je länger man das Problem einfach aussitzt, desto schlimmer können die Auswirkungen auf die Gesundheit und das Leben ausfallen.

An der University of Cambridge haben meine Kolleg:innen und ich die »generalisierte Angststörung« erforscht. Das ist eine Erkrankung, bei der die Betroffenen nicht aufhören können, sich über alles Mögliche Sorgen zu machen, so sehr, dass es ihr Leben massiv beeinträchtigt. Unsere Untersuchungen ergaben, dass diejenigen, die unter dieser Störung leiden, Gefahr laufen, langfristig gesundheitliche Probleme zu bekommen, und im schlimmsten Fall verfrüht sterben. Angstzustände lösen bestimmte Verhaltensweisen aus, und bei Menschen, die lange darunter leiden, können sie Auswirkungen auf das Selbstbild und auf das allgemeine Auftreten haben. Die Betroffenen sind von der Krankheit »gezeichnet«. Die Gedanken werden zur sich selbst erfüllenden Prophezeiung – je mehr man sich für sozial unbeholfen hält, desto unbeholfener tritt man auf, und je mehr man sich für einen Angsthasen hält, desto mehr Angst hat man. Mit der Zeit verwandelt man sich in genau das, was man fürchtet. Es ist wie ein magischer Schleier aus einem Märchen, der sich einem nähert und einen nicht mehr man selbst sein lässt. Schließlich umhüllt er einen komplett. Doch du darfst nie vergessen: Unter dem Schleier steckst immer noch du, dein wahres Ich, das einzigartig ist und eine ganz eigene Form des Denkens und der Kreativität mit sich bringt. Du hast immer noch deine einzigartige Art, Menschen zum Lachen zu bringen oder in deinen Bann zu ziehen.

Je mehr du bestimmte – beispielsweise angstgetriebene – Gedanken zulässt, desto hilfloser kannst du dich mit der Zeit fühlen. Wie lässt sich das ändern?

Konzentriere dich immer ganz auf das, was du erreichen willst, nicht auf das, wovor du dich scheust. Wenn wir versuchen, unliebsame Gedanken zu unterdrücken, kehren sie wie ein Bumerang zu uns zurück. Ein Beispiel: Versuche, in den nächsten fünf Sekunden nicht an einen Teller voller Spaghetti zu denken. Wenn du mir ähnlich bist, hast du es nicht geschafft! Denn wenn wir an das denken, was wir meiden wollen, erzeugen wir mental ein Bild dieses Gedankens. Das lenkt unseren Blick stärker auf das, was wir nicht wollen. Diese Logik gilt grundsätzlich. Je eindringlicher du dir vornimmst, nicht mehr so nervös zu sein, desto mehr Nervosität siehst du vor dir und verspürst du. Auf den Psychiater Carl Gustav Jung geht die Auffassung zurück, dass das, was man bekämpft, oft an Kraft gewinnt. Wenn wir uns gegen einen Gedanken wehren, hat er uns nur noch stärker im Griff.

Sobald du weißt, worauf du deine Aufmerksamkeit richten willst, lege los, aber so, dass du Freude daran hast. Als ich meine Abschlussarbeit schrieb, die 45000 Wörter umfassen musste, gab es Tage, an denen ich keine Lust hatte, meinen Laptop aufzuklappen und auf den Bildschirm zu starren. Aber die Uhr tickte, und die Abgabefrist rückte näher. Jedes Mal, wenn ich mir vor Augen führte, wie viel ich noch zu tun hatte, verspürte ich ein tiefes Unbehagen. Sobald ich mir sagte, von nun an dürfte ich aber keine Zeit mehr verlieren, fiel es mir noch schwerer, etwas zu schreiben. Also beschloss ich, meine Perspektive zu ändern. Ich dachte nur noch an das, was ich anstrebte. Ich wollte eine interessante Arbeit schreiben, die Menschen beim Lesen wirklich in ihren Bann zog, aber ich erkannte, dass mir das nicht gelingen würde, wenn ich an dem trockenen Stil festhielt, den ich bei akademischen Arbeiten für zwingend erforderlich hielt. Ich wollte, dass sich mein Text wie ein fesselnder Roman liest, also änderte ich den Schreibstil. Und, siehe da, plötzlich machte mir die Arbeit zum ersten Mal Spaß. Ich kam voran. Nach nur einem Tag hatte ich ein halbes Kapitel geschrieben. Dann nahm ich mir die anderen Kapitel vor, und eh ich mich's versah, war die Arbeit fertig. Es gab natürlich auch Tage, an denen ich in meine alten, angstgetriebenen Denkmuster verfiel und zum früheren Schreibstil zurückkehrte. Manchmal plagten mich Sorgen, wie: »Was, wenn das Prüfungskomitee mein Werk nicht mag? Was, wenn man mir den Abschluss verweigert oder ich einen Riesenfehler begehe?« Trotzdem blieb ich bei meinem neuen Ansatz, und es fühlte sich gut an. Es fühlte sich gut an, weil mir das Ganze so viel Spaß machte.

Die Gedanken ganz darauf zu richten, was du willst, und es dann so umzusetzen, dass es dir Freude bereitet, kann das Gefühl der Hilflosigkeit verringern. Das ist eine wirksame Strategie, weil du dich so ganz auf das konzentrierst, was du anstrebst, und den Rest ausblendest. Wähle beispielsweise beim Sport Bewegungsformen, die dir Spaß machen, nicht solche, von denen du glaubst, du solltest sie ausüben – wenn du nicht gern joggen gehst, versuche es mal mit Tanzen.

Wie Optimismus helfen kann

Eine weitere Strategie, die immer wirkt, wenn du mit unerwünschten, negativen Gedanken zu kämpfen hast und Aufmunterung gebrauchen kannst, besteht darin, optimistischer zu sein. Wir alle kennen Optimisten. Diese Menschen neigen dazu, das Gute in ihrer Umgebung zu sehen, und gehen immer davon aus, dass sich ihre Probleme lösen lassen.[47] Sie registrieren und merken sich in erster Linie das Positive. Eine Frau, die ich einmal kennengelernt habe, Elaine, war definitiv eine Optimistin: Sie betrachtete jeden Rückschlag als Chance. Wenn ich mich über zu viel Arbeit beklagte, sah sie das als Kompliment, weil meine Chefin sich offensichtlich auf mich verließ und mir vertraute. Wenn ich mich über die Nachbarn beschwerte, wies sie darauf hin, was diese für mich taten. Wenn ich unzufrieden war, weil ich viel Zeit damit verschwendet hatte, mich auf einen Job vorzubereiten, den ich im Endeffekt nicht bekam, erklärte sie, dass ich trotzdem etwas Neues gelernt hätte und mir das Wissen in Zukunft nützlich werden könne.

Was ist das Geheimnis von optimistischen Menschen wie Elaine? Sie verfügen über das, was in der Psychologie als »innere Kontrollüberzeugung« bezeichnet wird – sie glauben daran, ihr Leben durch ihr Handeln aktiv beeinflussen zu können.[47] Deshalb fühlen sie sich nicht hilflos.

Optimisten und Pessimisten unterscheiden sich darin, wie sie Fehlschläge betrachten. Erleben pessimistische Menschen einen Misserfolg, sind sie der Meinung, dass das ein schlechtes Licht auf sie wirft, und ziehen daraus Schlussfolgerungen, die sie ihr ganzes Leben infrage stellen lassen. Machen sie einen Fehler, reagieren sie mit Sätzen wie »Nie läuft etwas so, wie ich es gern hätte«. Optimisten hingegen neigen nicht zu derartigen Verallgemeinerungen. Sie betrachten ihr Scheitern als etwas Temporäres, das nichts mit ihnen als Individuum zu tun hat. Sie sagen Dinge wie »Der Plan war nicht besonders gut, beim nächsten Mal sollte ich etwas anderes ausprobieren«. Da sie nicht so hart mit sich ins Gericht gehen, haben sie Lust, es noch einmal zu versuchen.

Dank der inneren Kontrollüberzeugung und dem Gefühl, die Dinge in der Hand zu haben, neigen optimistische Menschen zu tatkräftigen, lösungsorientierten Ansätzen.[48] Sie schauen sich an, was zu tun ist, und legen los. Pessimistisches Verhalten hingegen ist von Zögern und Passivität geprägt.

Optimismus sorgt nicht nur dafür, dass man die Welt anders erlebt, sondern könnte sich auch positiv auf die Gesundheit auswirken. Eine Studie über Menschen mit HIV ergab, dass sich der Zustand optimistisch gestimmter Probanden weniger schnell verschlechterte. Optimismus geht also mit einem langsameren Fortschreiten von Krankheiten einher.[49] Forschungen zu chronischen Schmerzpatienten zeigten, dass eine pessimistische Einstellung eher dazu verleitet, sich dem Leiden hinzugeben und das Leben davon bestimmen zu lassen. Die optimistischeren Patient:innen spürten die Schmerzen, führten ihr Leben aber dennoch wie zuvor fort.[50] Natürlich hängt die Frage, wie und ob man weiterhin aktiv sein kann, von der Krankheit und ihren Symptomen ab. Doch wichtig ist, dass die Art und Weise, wie wir Probleme betrachten, Auswirkungen darauf hat, wie wir unser Leben führen – und eine optimistische Einstellung kann uns dabei behilflich sein.

5 STRATEGIEN FÜR MEHR OPTIMISMUS

Lesedauer: 🕐 10 Minuten

Wenn du dich für pessimistisch hältst oder glaubst, von lauter pessimistischen Menschen umgeben zu sein, die dich negativ beeinflussen, lässt sich daran etwas ändern? Kannst du optimistischer werden? Und wie überwindest du die Zweifel, die dich davon abhalten, beherzt in Aktion zu treten?

1. Orientiere dich an deinen Zielen, nicht an deiner Stimmung

Pessimismus kann mit Angst und Nervosität verbunden sein. Da pessimistische Menschen von ihren negativen Gefühlen und Zweifeln gesteuert werden, neigen sie dazu, zögerlich oder gar nicht zu handeln. Deshalb ist es wichtig, dass wir unsere Taten an Zielen ausrichten, nicht an unserer Laune. Wenn wir pessimistisch gestimmt sind, können wir uns nur schwer zu etwas aufraffen. Richte den Blick auf das, was du im Leben erreichen willst, unabhängig davon, wie es in deinem Inneren aussieht, und plane dein Handeln dementsprechend. Denn wenn wir uns in unseren Plänen von unseren Ängsten und Befürchtungen leiten lassen, neigen wir dazu, uns Beschränkungen aufzuerlegen, die unserem Interesse entgegenstehen.

Wenn wir unseren Gemütszustand über unser Handeln entscheiden lassen, kann es passieren, dass wir gar nichts tun, bis wir die nötige Motivation verspüren und in der »richtigen« Stimmung sind. Wir würden erst loslegen, wenn wir genügend Energie haben.[51, 52, 53] Doch um die Passivität und die bremsenden Gefühle zu überwinden, solltest du etwas tun, das dich deinem Ziel näherbringt, unabhängig davon, wie es in deinem Inneren aussieht. Das kann dir dabei helfen, schon einmal in die Gänge zu kommen, bis der erste Schimmer von Hoffnung und Optimismus am Horizont erscheint.

2. Weniger Eifersucht

Wie optimistisch du dein Leben angehst, kann davon abhängen, mit welchen Menschen du in Kontakt kommst. Manchmal begegnest du vielleicht jemandem, der deiner Meinung nach erfolgreicher ist als du. Du bemerkst, dass du grundlos wütend auf diese Person bist, eine Abneigung gegen sie verspürst. Deine Laune verschlechtert sich plötzlich. Du weißt nicht genau, warum du diese Person nicht magst, aber sie geht dir auf die Nerven, weil sie fast schon zu perfekt ist – vielleicht hat sie eine tolle Partnerschaft, einen besseren Job, ein schöneres Haus.

Gelegentlich entwickeln wir negative Gefühle gegenüber Menschen, weil sie über eine Eigenschaft verfügen, die wir auch gern hätten. Vielleicht führt dir diese Person vor Augen, dass du mehr aus deinem Leben hättest machen können, »hättest du dich nur mehr angestrengt oder dich besser präsentiert«. Das tut weh.

Wie auch immer die Gründe aussehen mögen – von nun an meidest du diese Person, um dich nicht zu quälen. Aber warum nicht einmal eine andere Strategie ausprobieren? Überlege, wie sich dieses Szenario zu deinem Vorteil nutzen lässt: Kannst du etwas von dieser Person lernen? Das verlangt viel mehr Mut, als sie zu verachten. Es hat einen Grund, dass sie zu diesem Zeitpunkt in dein Leben getreten ist – oft bedeutet es, dass es noch nicht zu spät ist, andere Lebensentscheidungen zu treffen und entsprechend zu handeln. Nutze diese Personen als Inspirationsquelle, statt dich von ihnen herunterziehen zu lassen. Genau das heißt es, optimistisch zu sein und immer das Gute zu sehen.

3. Verbringe weniger Zeit mit pessimistischen Menschen

Manchmal treffen wir auf Menschen, die unserer Stimmung einen Dämpfer versetzen. Das können Freunde,

Kolleginnen oder sogar Familienmitglieder sein. Du erzählst ihnen, wie sehr du dich über ein neues Kleidungs-
stück freust, das du dir gekauft hast, und sie fragen nur:
»Brauchst du überhaupt einen neuen Mantel?« Solche
Menschen können uns mit der Zeit ziemlich zusetzen
und uns das Gefühl vermitteln, dass es sich nicht lohnt,
Dinge überhaupt zu versuchen, weil es einfach zu viele
Hindernisse gibt. Oft behaupten sie, dass sie uns nur
helfen wollen, die Dinge realistischer zu sehen.

Für dein Wohlbefinden ist es allerdings besser,
weniger Zeit mit diesen Leuten, die dich kleinhalten, zu
verbringen, weil Gefühle ansteckend sind. Ständig von
Menschen umgeben zu sein, die überall nur Probleme
und Hürden sehen, kann uns negativ beeinflussen. Es
kann uns die Lust daran nehmen, Neues auszuprobieren.

4. Stelle dir die entscheidende Beziehungsfrage
Dieser Tipp geht Hand in Hand mit dem vorherigen.
Menschen, denen wir unsere Zeit widmen, können uns
auf eine Weise behandeln, die negative Auswirkungen
auf unseren Optimismus hat. Vielleicht verbringst du
deine Zeit mit jemandem, der dich unterschwellig kriti-
siert, indem er deine Grammatik korrigiert oder lacht,
wenn du etwas nicht weißt. Auch wenn du gern mit
dieser Person zusammen bist, fühlst du dich hinterher
manchmal minderwertig. Das Schlimmste, was du tun
kannst, ist, zu versuchen, dich so zu verändern, wie
diese Person es deiner Meinung nach von dir erwar-

tet. Denn selbst wenn du einen »Mangel« behebst, taucht der nächste auf … und irgendwann hast du dich als Mensch grundlegend verändert. Das kann schwerwiegende Auswirkungen auf dein Selbstbewusstsein haben und an deinem Optimismus nagen.

Ob dir nahestehende Menschen wirklich deinen Optimismus untergraben, kannst du überprüfen, indem du dich fragst: Fühlst du dich in der Gegenwart dieses Menschen energiegeladen, attraktiv und unterhaltsam, oder hast du das Gefühl, nicht gut genug zu sein? Ist Letzteres der Fall, ist es wichtig, dass du die Schuld dafür nicht bei dir suchst, sondern bei der Person, die dich so behandelt. Jemand, der unserer Zuneigung wert ist, behandelt jeden Menschen mit Anstand und Respekt.

5. Verschaffe dir einen Energieschub

Unternimm etwas, das dir Energie für den Tag gibt und deine Stimmung hebt. Wasche dir die Haare, probiere eine neue Frisur aus, gehe eine Runde laufen. Obwohl es ganz einfach klingt, sorgen Kleinigkeiten wie diese dafür, dass wir uns besser fühlen; sie beleben uns. Sie bilden ein kleines Stück des Weges hin zu einem besseren Selbstwertgefühl und mehr Optimismus.

Knapp auf den Punkt

Wenn wir einen beliebigen Menschen auf der Straße fragen würden, was er vorzieht – Pessimismus oder Optimismus –, läge die Antwort klar auf der Hand. Die meisten Menschen wären gern Optimisten: Sie wollen stets das Positive sehen, das Glas als halb voll betrachten. Zum Glück ist es nicht sonderlich schwer, optimistisch zu werden. Du musst einfach nur die oben beschriebenen Strategien anwenden, eine nach der anderen und in deinem eigenen Tempo, denn Optimismus kann man sich antrainieren. Wenn du mehr Zeit mit Menschen verbringst, die dich gut behandeln, wenn du dich selbst gut behandelst, führt dich das nicht nur zu mehr Selbstbewusstsein, sondern auch zu einer optimistischen Lebenseinstellung.

KAPITEL 7

DU FÜHLST DICH EINSAM?

Wie du erfüllende Beziehungen aufbaust

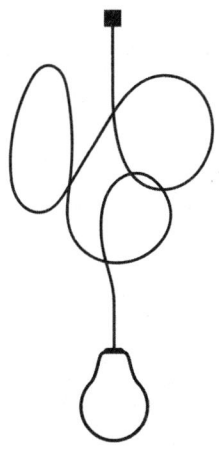

Wenn du dich einsam fühlst und mehr Kontakt zu anderen Menschen suchst, findest du in diesem Kapitel wissenschaftlich fundierte Strategien, die dir dabei helfen können. Diese Strategien verschaffen dir eine neue Sichtweise auf die Welt und ermöglichen dir, die Einsamkeit zu besiegen und engere Beziehungen einzugehen.

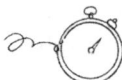

TIPPS FÜR DEN NOTFALL

• **Unterhalte dich heute mit einem fremden Menschen.** Wir unterschätzen den Effekt, den alltägliche Gespräche mit Menschen, die uns nicht nahestehen, auf uns haben – mit Nachbarinnen, Leuten, die mit ihrem Hund Gassi gehen, oder jemandem in der Kaffeeschlange. Ein kurzer Austausch mit einem anderen Menschen, auch wenn du ihn nicht kennst, kann dafür sorgen, dass es dir sofort besser geht. Und nicht nur das – in Untersuchungen dachten Personen, die angewiesen wurden, sich bewusst »extrovertiert« zu verhalten, danach viel positiver.[54]

EINSAMKEIT –
WISSENSCHAFTLICH BETRACHTET

Lesedauer: 🕐 10 Minuten

Einsamkeit ist etwas, das viele Menschen plagt. Vor dem Jahr 2020 gab ein Fünftel der Bevölkerung Großbritanniens an, einsam zu sein, und die Corona-Pandemie hat die Situation weiter verschlimmert.[55, 56, 57] Aber was ist Einsamkeit? Einsamkeit ist das Missverhältnis zwischen der Anzahl und der Qualität der Beziehungen, die wir gerne hätten, und denen, die wir tatsächlich haben. Wir können von vielen Menschen umgeben sein und trotzdem unter Einsamkeit leiden – deshalb gibt es auch Verheiratete oder Leute mit einem großen Freundeskreis, die sich allein fühlen. Andersherum ist es möglich, nur einen oder zwei Freunde zu haben, denen man sich aber so verbunden fühlt, dass jedes Bedürfnis nach Gesellschaft gedeckt und man nicht einsam ist.

Der Forscher John Cacioppo sagt, dass die Qualen, die uns Einsamkeit bereitet, denen ähneln können, die Hunger, Durst oder körperliche Schmerzen auslösen.[58] Menschen sind soziale Wesen, die ohne Kontakt zu anderen psychisch und körperlich zusammenbrechen. Chronisch einsame Menschen haben ein erhöhtes Risiko, früh zu sterben, und ein schwächeres Immunsystem.[59, 60]

Einsamkeit in der Kindheit kann sich bis ins Erwachsenenalter auswirken. Forschungen haben ergeben,
dass Menschen, die als Kinder einsam waren, als junge
Erwachsene häufiger krank sind. Eine Studie zeigte,
dass Kinder, die viel Zeit allein verbrachten und von
Gleichaltrigen eher abgelehnt wurden, in späteren Jahren mehr Gesundheitsprobleme hatten.[61] Der Grund
dafür ist, dass Einsamkeit Stress für den Körper bedeutet und chronischer Stress negative Auswirkungen auf
die Gesundheit hat.

Warum leiden wir so stark, wenn wir einsam sind?
Menschen sind so veranlagt, dass es ihnen Qualen bereitet, über einen langen Zeitraum hinweg allein zu sein,
und wer nichts dagegen unternimmt, kann krank werden. Das ist durch die Evolution bedingt. Wenn unsere
Vorfahren zu lange auf sich gestellt waren, liefen sie
Gefahr, angegriffen zu werden. Als Teil einer Gruppe
hingegen waren sie viel besser geschützt. Dieser Ur-
instinkt, uns mit Menschen zu umgeben, um uns sicher
zu fühlen, ist bis heute unverändert. So kommt es, dass
uns Einsamkeit dazu antreibt, Kontakt zu anderen zu
suchen, so, wie wir bei Hunger den Drang verspüren,
etwas zu essen, und bei Durst etwas trinken müssen.
Wir haben alle das Bedürfnis, dazuzugehören, und
wenn dieses Bedürfnis nicht erfüllt ist, macht uns das
zu schaffen.[61]

Wenn wir mit anderen sprechen, verändert sich unser Blick auf die Welt.

DIE KUNST, MIT ANDEREN ZU SPRECHEN

Wenn wir mit anderen sprechen, verändert sich unsere Wahrnehmung. Ein Forschungsteam der University of Chicago fragte Menschen, wie sie es finden würden, sich morgens auf dem Weg zur Arbeit mit anderen zu unterhalten, statt zu schweigen.[62] Obwohl die meisten glaubten, solche Gespräche würden die Fahrt unangenehmer machen, stellte sich in der Praxis heraus, dass das Gegenteil der Fall war. Im Verlauf des Experiments bewerteten die Versuchspersonen, die willkürlich dazu ausgewählt wurden, ihre Sitznachbarn in ein Gespräch zu verwickeln, die Fahrt am positivsten.[62, 63]

Warum also entscheiden wir uns oft dafür, schweigend dazusitzen, obwohl es uns besser geht, wenn wir auf der Fahrt zur Arbeit ein paar Worte mit jemandem wechseln? Das liegt daran, dass wir »das Interesse der anderen an einem Austausch« unterschätzen, heißt es in der Studie.[62] Im Bus, in der

U-Bahn oder wo auch immer wir uns befinden, interpretieren wir das Schweigen der anderen als Gesprächsunwilligkeit. Wir verstehen es als Desinteresse und halten uns dementsprechend zurück.[62, 63] Das Experiment wurde anfangs in den USA durchgeführt, aber als man es in England wiederholte, fiel das Ergebnis ähnlich aus.»Unsere Analysen haben ganz eindeutig ergeben, dass die Briten, die an unserem Experiment teilgenommen haben, genauso gern mit Fremden sprachen wie die amerikanischen Probanden«, erklärte Nicholas Epley, der die Untersuchung leitete.[64]

Einsamkeit prägt unser Denken

Wenn wir zu lange einsam sind, fühlen wir uns aufgrund unseres evolutionsbedingten Überlebensinstinkts nicht mehr sicher. Wir fangen an, nach Bedrohungen Ausschau zu halten. In der modernen Welt handelt es sich bei diesen Bedrohungen nicht mehr um Überfälle oder Raubtiere im Dschungel. Es geht um deutlich subtilere Dinge – etwa den abweisenden Blick eines Teilnehmenden an einer Zoom-Konferenz oder eine missverständliche gesellschaftliche Situation, die uns verunsichert. Wenn wir einsam sind, neigen wir deutlich eher dazu, einen neutralen Gesichtsausdruck als negativ zu interpretieren und zu glauben, dass die Person uns nicht mag. Forschungen zufolge sind einsame Menschen voreingenommen, was soziale Bedrohungen in ihrer Umgebung angeht; sie rechnen häufiger damit, abgewiesen zu werden, und bewerten sich und die Personen um sie herum weniger wohlwollend.[65]

Außerdem fühlen sich einsame Menschen morgens häufig weniger gut erholt, auch wenn sie die empfohlene Menge an Schlaf bekommen haben.[58] Das kann dazu führen, dass ihnen tagsüber Energie fehlt, was die soziale Isolation noch schwerer erträglich macht – ein Teufelskreis.[58]

Es ist wichtig, die Auswirkungen der Einsamkeit in ihrem ganzen Ausmaß zu verstehen, weil das der Weckruf sein kann, den wir benötigen, um unser Leben zu verändern. Einsamkeit ist keine Bagatelle. Freundschaften sind kein nettes Hobby. Sie sind von elementarer Bedeutung für unser Wohlbefinden und unsere Gesundheit.

Wusstest du, dass wir uns weniger um unser eigenes Wohlergehen bemühen, wenn wir unzufrieden mit unserem Sozialleben sind? Warum ist das so? Letztlich ist das eine Frage der Selbstdisziplin.[66]

Einsamkeit und Selbstdisziplin

Wenn wir einsam sind, haben wir uns häufig nicht mehr so gut im Griff. Uns fehlt die Disziplin, daher essen wir häufiger ungesunde Speisen, statt uns gesund zu ernähren, und geben schneller auf, wenn wir auf Schwierigkeiten stoßen.[66]

Das haben Wissenschaftler in den USA anhand eines Experiments überprüft. Sie wollten herausfinden, ob eine Zurückweisung durch andere beeinflusst, wie wir uns verhalten. Dafür brachten sie eine bestimmte Anzahl von Studierenden zusammen und wiesen sie an, sich einander vorzustellen und die Namen der jeweils anderen zu lernen. Nach 20 Minuten, so hieß es, würden sie dann in Gruppen aufgeteilt werden, und zwar auf der Grundlage dessen, wer wen mochte – die Studierenden, die zusammenarbeiten wollten, würden in eine Gruppe kommen.

Nachdem die Vorstellrunde und das Kennenlernen vorbei waren, baten die Versuchsleiter die Probanden, die Namen von zwei Personen aufzuschreiben, mit denen sie gern zusammenarbeiten wollten. Dann nahmen sie die Gruppeneinteilung vor. Doch dabei richteten sie sich nicht wie angekündigt nach deren Vorlieben – »wer mag wen« –, sondern losten die Gruppen aus. Zu manchen Teilnehmenden sagten sie: »Gute Nachrichten – mit dir wollten alle zusammenarbeiten. Aber da wir keine Gruppe aus fünf (oder vier oder sechs) Personen brauchen können, wirst du die nächste Aufgabe allein angehen müssen.« Anderen erklärten sie: »Es tut uns sehr leid, aber dich hat niemand für die Zusammenarbeit ausgewählt. Deshalb musst du die nächste Aufgabe allein erledigen.«

Dann gaben sie allen Beteiligten eine Aufgabe und stellten eine Schale mit Keksen daneben. Nun konnten sie beobachten, dass die Studierenden, denen sie erzählt hatten, sie seien von den anderen abgewiesen worden (niemand habe mit ihnen zusammenarbeiten wollen), fast doppelt so viele Kekse aßen wie diejenigen, denen sie ein Gefühl der Anerkennung vermittelt hatten. Die »Zurückgewiesenen« verspeisten nicht nur mehr Kekse, sondern fanden sie zudem leckerer.[66]

Warum war das so? Eine Theorie lautet, dass wir, wenn wir uns zurückgewiesen fühlen, über weniger Selbstdisziplin verfügen. Wir neigen dazu, weniger Sport zu treiben, und es fällt uns schwerer, keinen Alkohol zu trinken – wir lassen uns ein Stück weit »gehen«. Die Testpersonen, die Anerkennung erfahren hatten, aßen nicht nur weniger, sondern schienen sich auch weniger aus dem Geschmack der Kekse zu machen. Die Mitglieder der zurückgewiesenen Gruppe hingegen verspürten einen gewissen »Hunger«. Sie hungerten nach Kontakt und dem Gefühl, gewollt zu werden. Manchmal, wenn uns die Gesellschaft anderer Menschen nicht die Geborgenheit verschafft, nach der wir uns sehnen, greifen wir nach anderen Dingen in unserer Umgebung, um die Leere zu füllen, sei es Essen, Alkohol oder das Handy.

Freundschaften sind kein nettes Hobby. Sie sind von elementarer Bedeutung für unsere Gesundheit.

Die Frage lautet: Gönnen wir uns zu viel von unserem Lieblingsessen bzw. verfallen wir in schlechte Gewohnheiten, wenn wir einsam sind, weil wir uns nicht im Griff haben? Legt die Einsamkeit eine Art Schalter im Gehirn um, der es uns unmöglich macht, uns zu beherrschen? Oder gibt es einen anderen Grund? Untersuchungen haben ergeben, dass die meisten von uns auch in einsamen Phasen durchaus zur Selbstdisziplin fähig sind.[66] Oft fehlt uns nur der Wille. Wir könnten uns zusammenreißen, sehen aber keinen Grund dazu.

In dem Experiment in den USA stellte das Forschungsteam fest, dass sich die Studierenden, die sich zurückgewiesen fühlten, schwerer beherrschen konnten und mehr von den ungesunden Keksen aßen. Doch nun wollte man wissen, ob sich daran etwas änderte, wenn man ihnen einen Anreiz gab. Wie sich herausstellte, war das der Fall. Als die Probanden in einem zweiten Experiment Geld angeboten bekamen, waren sie durchaus in der Lage, sich zu zügeln. Das ist wichtig, denn wenn wir uns einer Sache bewusst sind, können wir etwas unternehmen, um die Situation zu verändern.

Wer einsam ist, sieht die Welt mit anderen Augen
Einsame Menschen fragen sich häufig, warum sie so einsam sind, oder warum niemand mit ihnen reden will. Die Antworten, die sie darauf finden, haben großen Einfluss auf ihre Gefühle und ihr Handeln. Sie können darüber bestimmen, ob eine Person etwas gegen die Einsamkeit unternimmt oder untätig bleibt.[67]

Wenn du überlegst, warum du einsam bist, und zu dem Schluss kommst, dass du dich nicht genügend darum bemühst, andere Menschen zu treffen, kann das motivierend wirken. Es bewegt dich vielleicht dazu, deine Situation zu verändern. Du betrachtest sie als etwas, über das du Macht hast. In wissenschaftlichen Studien erwiesen sich die Menschen, die glaubten, sie seien durchaus fähig, neue Beziehungen zu knüpfen, als sozial aktiver und weniger einsam. Das hat einen einfachen Grund: Je mehr wir der Ansicht sind, Einfluss auf unsere Lebensumstände zu haben, desto ausgeprägter ist auch unser Glaube, durch unser Handeln ein gewünschtes Resultat zu erreichen.

Wenn du aber meinst, der Auslöser für deine Einsamkeit entziehe sich deiner Kontrolle – etwa, weil sie durch einen Mangel an Sympathie oder Glück bedingt sei –, kann es schwierig sein, etwas daran zu ändern. Wenn du der Meinung bist, dass du ein seltsamer Mensch bist, den niemand je mögen wird, egal, was du tust, erzeugst du dadurch ein Gefühl der Machtlosigkeit, eben weil etwas mit dir nicht »stimmt«.[67]

Wenn wir alle wissenschaftlichen Erkenntnisse zusammen betrachten, fällt auf, dass Einsamkeit häufig etwas mit der eigenen Betrachtungsweise zu tun hat. Und unsere Wahrnehmung ist etwas, woran wir arbeiten können. Schauen wir uns an, wie:

5 STRATEGIEN,
UM EINSAMKEIT ZU ÜBERWINDEN

Lesedauer: 🕐 10 Minuten

1. Konzentriere dich auf dein Handeln, nicht auf dich als Person

Wenn du die Einsamkeit überwinden willst, ist es wichtig, dass du die Macht der Wahrnehmung verstehst. Dich immer wieder zu fragen, warum niemand Zeit mit dir verbringen will, oder dir ständig vorzuwerfen, du seist »seltsam«, erzeugt eine geistige Blockade. Da du die Schuld an der Situation in deinem Wesen verortest, redest du dir unterbewusst ein, nichts tun zu können – das Problem sei unüberwindbar.

Richte deine Aufmerksamkeit stattdessen lieber auf dein *Handeln*. Schaue darauf, wie deine Bemühungen aussehen, die Situation zu verbessern, darauf, welche Schritte du gegen die Einsamkeit unternimmst, beispielsweise auf die Zahl der Menschen, mit denen du dich an einem Tag unterhalten hast, oder auf deinen Beitritt zu einer neuen Gruppe, einem neuen Verein oder einer Online-Community. Forschungen haben ergeben, dass Menschen, die sich vor Augen führen, was sie tun, um die Einsamkeit zu bekämpfen, sich häufiger und beharrlicher um Kontakt zu anderen bemühen.

Das ist ermutigend! Wenn wir uns von unserem negativen Selbstbild verabschieden, können wir uns auf unser Handeln konzentrieren – auf unsere praktischen Anstrengungen, uns aus dem Tief herauszuarbeiten und wieder eine Verbindung zur Welt herzustellen.

2. Akzeptiere, dass jeder Mensch anders reagiert

Ein weiterer Ansatz, der uns beim Überwinden der Einsamkeit behilflich sein kann, ist die Erkenntnis, dass Menschen verschieden sind. Um eine Beziehung zu ihnen aufzubauen, musst du akzeptieren, dass ihre Reaktionen unterschiedlich ausfallen können und werden. Manche Menschen freuen sich nicht so sehr wie du über gute Nachrichten, und auch wenn du ihnen in der Vergangenheit geholfen hast, heißt das nicht, dass sie im Gegenzug auch für dich da sind. Wie jemand reagiert, ist unvorhersehbar, und du musst lernen, das hinzunehmen, ohne es auf dich zu beziehen. Wenn du es schaffst, dir weniger daraus zu machen, wie Leute reagieren, wie ihr Gesichtsausdruck aussieht oder mit welcher Selbstverständlichkeit sie deine freundlichen Gesten annehmen, machst du dich unabhängig. Und oft ist es gerade diese Unabhängigkeit, die auf andere Menschen anziehend wirkt.

Wir alle kennen den Rat, dass wir Leuten Fragen stellen und Interesse bekunden sollen, wenn wir Freundschaften schließen wollen. Das ist ein guter Ansatzpunkt, aber was machst du, wenn dein Gegenüber eher gleichgültig reagiert? Das kann entmutigend sein. Deshalb müssen wir akzeptieren, dass die Reaktionen anderer Menschen unberechenbar sind, und lernen, damit umzugehen.

3. Arbeite daran, wie du zuhörst, nicht an dem, was du sagst

Wenn jemand mit uns spricht, sind wir oft damit beschäftigt, was wir als Nächstes sagen wollen, wie wir unsere Antwort formulieren. Das hält uns davon ab, richtig zuzuhören und das Gesagte wirklich aufzunehmen. So kommt es vor, dass sich die andere Person nicht wirklich »gehört« fühlt, was es schwer macht, einander wirklich kennenzulernen. Um eine Beziehung zu vertiefen und mehr Verbundenheit zu schaffen, solltest du daher so zuhören, dass du dein Gegenüber verstehst, und nicht, um eine möglichst gute Antwort zu liefern. Auf diese Weise verändert sich das Verhältnis, und die andere Person fühlt sich gehört. Sich von den eigenen Gedanken zu lösen und sich ganz auf den Gesprächspartner einzulassen, erzeugt das Gefühl, verstanden zu werden. Unser Gegenüber spürt eine Verbindung und eine wachsende Nähe zu uns.

4. Verlagere den Fokus

Je mehr wir darüber nachdenken, wie einsam wir sind, desto schlechter geht es uns. Eine Möglichkeit, aus diesem Loch herauszukommen, besteht darin, den Fokus zu verlagern. Richte deine Aufmerksamkeit auf andere Personen, statt auf dich und die Probleme, die dich beschäftigen. Überlege beispielsweise, ob du jemandem etwas Gutes tun kannst, sei es über ein Ehrenamt oder das Zubereiten einer Mahlzeit für eine Nachbarin oder einen Freund, der gerade im Stress ist. Unsere Aufmerksamkeit für einen Teil des Tages auf jemand anderes zu richten, bewirkt zwei Dinge: Erstens lenken wir uns von unseren Problemen ab und leiden weniger unter der Einsamkeit. Und zweitens erkennen wir, dass wir anderen helfen können. Das sorgt dafür, dass wir uns besser fühlen.

5. Trainiere, dich auch allein wohlzufühlen

Manchmal geht es einsamen Menschen nicht nur darum, mehr Leute um sich haben zu wollen. Obwohl die Anwesenheit anderer dazu führen kann, dass wir uns gut fühlen, reicht sie oft nicht aus. Es kommt vor, dass wir auf eine Party oder zu einem Treffen gehen und es genießen, unsere Laune aber, sobald wir wieder zu Hause sind, erneut in den Keller sinkt. Deshalb müssen wir lernen, uns auch allein wohlzufühlen, wenn es um uns herum still ist und niemand da ist.

Knapp auf den Punkt

Einsamkeit ist schwer zu ertragen, aber wir können etwas gegen sie unternehmen. Ein erster Ansatz besteht darin, sich von Fragen wie »Warum bin ich so einsam?« und »Warum mögen die Leute mich nicht?« zu lösen. Das ist von entscheidender Bedeutung, weil die Fragen, die wir uns stellen, die Worte, die wir an uns selbst richten, Macht haben. Sie prägen unser Selbstbild und wie wir uns selbst wahrnehmen. Wenn wir die Einsamkeit überwinden wollen, müssen wir uns auf das konzentrieren, was wir tun, statt darauf, wer wir sind. Uns um ein Gespräch mit jemandem zu bemühen, das Risiko einzugehen und uns dieser Person gegenüber zu öffnen, einfach hinzugehen und »Hallo« zu sagen, auch wenn es uns schwerfällt, kann uns neue Zuversicht vermitteln. Es kann uns helfen, die Einsamkeit zu überwinden und uns der Welt wieder verbunden zu fühlen.

KAPITEL 8:

DU WURDEST VERLASSEN ODER HAST DICH GETRENNT?

Wie du dich von Liebeskummer erholst

Durchlebst du gerade eine Trennung oder eine Scheidung und suchst nach Wegen, deinen Kummer zu verarbeiten und die schwere Zeit zu überstehen? Wenn du dringend Hilfe benötigst, lies bitte die »Tipps für den Notfall«. Der anschließende Abschnitt befasst sich mit der psychologischen Seite des Liebeskummers – wie die Erklärungen, die du für dich findest, dir entweder neues Selbstbewusstsein verschaffen oder dich in den Selbsthass treiben können. Im letzten Teil des Kapitels findest du fünf Strategien, die dir helfen, Liebeskummer zu überwinden – Strategien, wie du nach vorn schaust, Richtung Zukunft streben und dich neuen Möglichkeiten öffnen kannst.

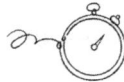

TIPPS FÜR DEN NOTFALL

- **Ruf jemanden an und sprich über irgendetwas anderes als die Trennung.** Wenn wir leiden, können wir uns am effektivsten von unserem Kummer ablenken, indem wir unsere Aufmerksamkeit auf etwas anderes richten. Besonders wirkungsvoll ist es, jemanden anzurufen und sich mit dieser Person über ein anderes Thema als die Trennung zu unterhalten, denn das sorgt umgehend für Besserung. Der Grund dafür ist, dass du keine andere Wahl hast, als dich auf das Gespräch zu konzentrieren. Egal, ob auf der anderen

Seite der Leitung von Kocherlebnissen, Nichten und Neffen oder einem Film erzählt wird, du musst aufmerksam zuhören, um antworten zu können. Das versetzt dich gedanklich an einen anderen Ort.

- **Such dir eine Aufgabe mit sichtbaren Fortschritten.** Es reicht schon, wenn du nur eine halbe Stunde lang die Küche putzt oder dich an ein Arbeitsprojekt setzt. Wenn es dir so schlecht geht, dass du das Gefühl hast, dich auf nichts konzentrieren zu können, hilft es, etwas in Angriff zu nehmen, bei dem du siehst, dass es vorangeht – das verschafft dir eine neue Perspektive und einen klareren Blick auf deine Probleme.
- **Wechsle die Bettwäsche.** Das Bett neu zu beziehen kann wie ein Neuanfang wirken. Das saubere, frische Gefühl, wenn du dich in ein neu bezogenes Bett legst, zählt zu den schönsten Sinneseindrücken, die es gibt. Auch wenn die frische Bettwäsche keines deiner Probleme löst, sorgt dieser kleine Akt der Selbstfürsorge dafür, dass du dich anders fühlst – besser. Und das ist in einer Zeit, in der dein Selbstwertgefühl mit Füßen getreten wurde, von großer Bedeutung.

LIEBESKUMMER – PSYCHOLOGISCH BETRACHTET

Lesedauer: ⏱ 10 Minuten

Trennungen und Scheidungen gehören zu den schwersten Erfahrungen im Leben und können uns emotional völlig aus der Bahn werfen. Unabhängig davon, ob du verlassen wirst oder die Beziehung selbst beendest, besteht die Gefahr, dass du Angstzustände oder Depressionen erleidest oder in selbstzerstörerische Verhaltensweisen wie übermäßiges Trinken verfällst.

Wie sehr du nach einer Trennung leidest, hängt von mehreren Faktoren ab – davon, wie viel Mühe es dich gekostet hat, mit dem Partner oder der Partnerin zusammenzukommen, wie sehr du um die Zuneigung »kämpfen« musstest, wie sehr ihr einander zugetan wart. Je größer deine Anstrengungen und je enger die Bindung zwischen euch, desto schwerer ist es, loszulassen.[68]

Obwohl jede Trennung hart ist, kann es große Auswirkungen auf dein psychisches Wohlbefinden haben, wie du dir das Ende der Beziehung erklärst. Es kann dein Selbstwertgefühl stärken oder dich in den Selbsthass treiben.

Wie du dir die Trennung oder Scheidung selbst erklärst, kann sehr folgenreich für dich sein.

Wissenschaftlerinnen in Harvard haben sich mit geschiedenen Frauen beschäftigt und dabei festgestellt, dass diese das Ende ihrer Beziehungen auf zwei verschiedene Arten erklärten:[69]

Dein Fehler oder mein Fehler?

Einige Frauen ergingen sich in Schuldzuweisungen, um das Scheitern ihrer Ehe zu erklären: Sie wiesen beispielsweise dem Ex-Partner die Verantwortung für die Probleme des Paares zu und meinten, die Situation sei ausschließlich von einer Seite verursacht worden. Ebenso wenig hilfreich ist es, die Schuld nur sich selbst und den eigenen »Fehlern« anzulasten. Wenn wir meinen, nur *wir* hätten die Trennung zu verantworten, kann das ewige Selbstvorwürfe auslösen. Die Schuld am Ende der Beziehung ausschließlich beim Partner oder bei sich selbst zu suchen, kann zu Selbstverachtung oder Verbitterung führen und dem Selbstwertgefühl schaden. Der Grund dafür ist, dass wir uns selbst und andere nicht ändern können.

Das Zwischenmenschliche war das Problem

Andere Teilnehmerinnen an der Harvard-Studie gaben eine andere Erklärung an: Was zur Trennung geführt habe, sei das »Zwischenmenschliche« gewesen.[69] Ihnen war klar, dass die Probleme der Ehe nicht zwingend einer einzelnen Person anzulasten waren. Stattdessen warfen sie einen prüfenden Blick auf das Miteinander in der Beziehung und kamen zu dem Schluss, dass sie aufgrund von mangelnder Kommunikation oder Nähe, durch Veränderungen der Lebensweise oder der Wertvorstellungen gescheitert waren.

Eine solche Erklärung ist komplexer und verlangt mehr Reflexionsvermögen, als einfach sich selbst oder dem Gegenüber die Schuld zuzuweisen. Häufig ist sie aber realistischer, und es ist durchaus hilfreich, darüber nachzudenken, wie unsere Interaktionen zu Problemen geführt haben könnten, weil uns das das Gefühl gibt, mehr Einfluss auf die Dinge zu haben.

Manchmal sind die Probleme auf unterschiedliche Ansichten oder Kommunikationsschwierigkeiten zurückzuführen. Die Harvard-Studie ergab, dass Frauen, die die Trennung Problemen im zwischenmenschlichen Bereich zuschrieben, über ein höheres Selbstwertgefühl verfügten als die Frauen, die die Schuld bei ihrem Ex-Partner suchten. Auch über einen längeren Zeitraum betrachtet stellte sich heraus, dass diejenigen mit der zwischenmenschlichen Erklärung deutlich zufriedener mit ihrem Leben und ihren Ex-Männern gegenüber positiver eingestellt waren.

Jemand anderem die Schuld daran zu geben, was aus einer Beziehung geworden ist, mag sich zunächst »leichter« anfühlen. Unser Gehirn hat weniger Mühe, die Situation zu verstehen und daraus einen Sinn abzuleiten. Auch wenn diese Denkweise kurzfristig bequem sein mag, kann sie uns auf lange Sicht doch schaden. Menschen, die die Schuld nur beim Gegenüber suchen, haben stärker unter der Trennung zu leiden und neigen dazu, weniger optimistisch zu sein.[70] Wenn wir uns hingegen die Zeit nehmen, uns mit den Ursachen der Beziehungsprobleme und des gescheiterten Miteinanders auseinanderzusetzen, trägt das dazu bei, dass wir die Situation besser einschätzen können, und es schützt uns sogar vor weiterem Leid.

An der Trennung wachsen

Der Blick auf die wissenschaftliche Forschung zeigt, dass Trennungen und Scheidungen uns nachhaltig zusetzen und unser Selbstwertgefühl beeinträchtigen können. Aber wir können etwas dafür tun, wieder auf die Beine zu kommen.[71] In der Psychologie gibt es das Konzept des »posttraumatischen Wachstums« (siehe auch Kapitel 9). Es besteht kein Zweifel daran, dass uns schlimme Erfahrungen emotional aus der Bahn werfen und uns schwer zu schaffen machen. Doch wenn wir sie überstehen, besteht die Chance, daran zu wachsen. Es gibt zahllose Geschichten von Menschen, die nach schweren Schicksalsschlägen wie einer Krebserkrankung oder einem Unfall ein posttraumatisches Wachstum erleben. Ganz nach dem Motto: Was mich nicht umbringt, macht mich stark.

Das lässt sich auch auf Trennungen übertragen. In Liedern und Filmen wird das Ende einer Beziehung meist als tragisch dargestellt, aber was häufig im Verborgenen bleibt,[72] ist, dass schwierige Situationen wie diese ein Sprungbrett in ein anderes, vielleicht erfüllteres Leben darstellen können.

Eine Trennung kann uns unabhängiger machen und uns die Chance bieten, uns ganz neu zu entdecken. Das gilt vor allem, wenn wir in einer eher mäßigen Beziehung festgesteckt haben, die kein persönliches Wachstum ermöglicht hat.[72] Falls du gerade mit dem Gedanken spielst, deine Beziehung zu beenden, weil du unter ihr leidest und sie dir nur wenige und seltene Glücksmomente beschert, solltest du folgende Punkte beachten:

- Normalerweise leidet die Person, die die Trennung initiiert, weniger.[68] Daher gilt: Wenn du das Gefühl hast, dass du ausgenutzt wirst oder deine Gefühle nicht erwidert werden, ist es für dich möglicherweise leichter, die Sache selbst zu beenden, statt darauf zu warten, dass der oder die andere es tut.
- Wenn du gerade in einer Scheidung steckst und dir Sorgen darüber machst, was nun aus dir wird und was das Ganze für dich bedeutet, führe dir vor Augen, dass Männer laut Studien während der Ehe zwar möglicherweise glücklicher sind, nach einer Schei-

dung aber stärker leiden. Das könnte darauf hindeuten, dass Frauen Trennungen eher positiv zu nutzen wissen als Männer. Die vielen frisch getrennten Single-Frauen können also darauf hoffen, dass das Alleinsein kein Grund zur Furcht ist, sondern ihnen im Gegenteil eher neue Möglichkeiten eröffnet.

Meine Nachbarin war 20 Jahre lang verheiratet, und als ihr Mann eines Tages nach Hause kam und ihr erklärte, dass er sie und die beiden Teenager-Kinder für eine deutlich jüngere Frau verlassen werde, war sie am Boden zerstört. Sie war seit über 20 Jahren keiner Erwerbsarbeit mehr nachgegangen und hatte große Angst vor dem neuen Leben allein. Zwei Jahre später traf ich sie wieder – sie trug schicke Sportkleidung, hielt eine Flasche Wasser in der Hand und machte gerade Power-Walking mit einer Freundin. Sie strahlte ein enormes Selbstbewusstsein aus. Es war, als könne sie zum ersten Mal selbst über ihr Leben bestimmen. Mittlerweile hat sie zudem einen neuen Partner gefunden, der sie – anders als ihr Ex-Mann – wertschätzt, und ist deutlich glücklicher.[71]

Liebe und Liebeskummer – wissenschaftlich betrachtet

Wenn wir verliebt sind, setzt unser Körper chemische Stoffe frei, die dafür sorgen, dass wir uns gut fühlen, etwa Dopamin – das Belohnungshormon, das uns in Hochstimmung versetzt – und Noradrenalin, das uns hellwach macht und uns Energie verleiht.[73-75] Bei Frisch-verliebten ist die Konzentration von Serotonin – ein Neurotransmitter, der unsere Stimmung reguliert – meist niedriger als bei Menschen, die nicht verliebt sind.[76] Interessanterweise ist das Gleiche auch bei Personen mit Zwangsstörungen festzustellen. Das deutet darauf hin, dass Liebe uns dazu verleitet, uns zwanghaft auf die andere Person zu konzentrieren, was Eifersucht und Neid bewirken kann.[77]

Eine Zurückweisung stimuliert laut Forschungen an der Stony Brook University in New York die gleichen Bereiche des Gehirns, die auch bei Drogensucht und Heißhunger eine Rolle spielen.[78] Daher kann sich eine leidenschaftliche Zuneigung zu jemandem, der uns abweist, wie eine Abhängigkeit anfühlen – wir verspüren ein Verlangen nach dem anderen Menschen und können nicht aufhören, an ihn zu denken.

Bei einer Trennung bleibt die Flut an Wohlfühlstoffen wie Dopamin (das typisch ist für ein verliebtes Gehirn) plötzlich aus, und das Gehirn macht eine Art »Entzug« durch.[79] Trennungen versetzen unserer Stimmung einen Dämpfer. Daher müssen wir uns Dingen zuwenden, die uns aufheitern, uns Freude machen und uns das Gefühl geben, wieder ein Ziel vor Augen zu haben.

5 STRATEGIEN, UM LIEBESKUMMER ZU ÜBERWINDEN

Lesedauer: 🕐 10 Minuten

Mit diesen fünf Strategien können wir uns von Liebeskummer erholen und neuen Antrieb finden.

1. Die Drei-Erkenntnisse-Übung

Was uns nach einer Trennung oft hilft, ist, uns auf drei Erkenntnisse zu besinnen, die wir durch die Situation oder die Beziehung mit der jeweiligen Person gewonnen haben. Vielleicht haben wir jetzt eine bessere Vorstellung davon, welche Eigenschaften wir uns von potenziellen Partner:innen wünschen, oder wir haben gelernt, wie wir uns in einer zukünftigen Beziehung besser verhalten können. Selbst wenn sich alles in dir dagegen sträubt, diese Übung durchzuführen, weil du eigentlich den ganzen Tag nur heulen willst, gib ihr eine Chance. Wer sich die positiven Dinge vor Augen führt und an den Nutzen denkt, den ihm eine schmerzhafte Situation eingebracht hat, dem geht es psychisch hinterher im Durchschnitt besser.[80] Menschen, die nach einer Trennung versuchen, ihr einen Sinn abzugewinnen, erholen sich schneller. Manchmal ist das Ende einer Beziehung der Antrieb, den wir brauchen, um uns über unsere Prioritäten klar zu werden und auf ein erfüllteres Leben hinzuarbeiten. Darüber hinaus kann die Drei-Erkenntnisse-Übung positive Gefühle in uns auslösen. Schreibe daher drei gewinnbringende Erkenntnisse auf und sprich sie laut aus. Sorge dafür, dass du diese Übung an einem Ort durchführst, an dem du deine Gedanken frei und ohne Hemmungen zum Ausdruck bringen kannst (etwa in einem Raum, in dem du allein bist).[72]

> Wenn du deine Aufmerksamkeit auf die positiven Dinge in deinem Leben richtest, förderst du positive Gefühle.

2. Entwickle selbst die Eigenschaften, die du in anderen suchst

Eine Trennung kann wie ein Katalysator wirken und uns endlich darüber nachdenken lassen, was genau wir eigentlich vom Leben wollen, vor allem von zukünftigen Partner:innen. Sie kann uns helfen, uns selbst besser zu verstehen.

Jenny, die gerade von ihrem Freund verlassen worden war, hat mir Folgendes geschrieben:

»Ich habe vor Kurzem eine Erleuchtung gehabt. Ich habe erkannt, dass ich bisher einfach noch nicht die richtige Art von Männern angezogen habe, weil ich nicht die richtige Art Frau war. In den letzten Jahren habe ich ständig gegrübelt, warum Männer mich nicht mögen; ich habe mich gefragt, was mit mir nicht stimmt, oder sie für Vollidioten gehalten. Jetzt ist mir klar geworden, dass ich mir von Männern immer die Eigenschaften gewünscht habe, die ich selbst nicht hatte. Ich mochte Mark, weil sein Leben so strukturiert war (anders als meins), ich mochte Thomas, weil er für seine Arbeit brannte und noch Interessen neben seinem Beruf hatte (mir fehlte beides). Wir suchen in Männern das, was wir in uns selbst suchen, weil wir es noch nicht haben oder es vermissen. Aber ich glaube, wenn wir anfangen, uns zu der Art von Mensch zu entwickeln, den wir gern kennenlernen und mit dem wir Zeit verbringen wollen, kann uns das glücklich machen.«

Wer glücklich ist, zieht eher andere Menschen an – und irgendwann auch einen liebevollen Partner. Es gibt so viele Geschichten von Leuten, die einen Tiefpunkt erlebt und dann einen Neuanfang gewagt haben: Sie hören auf zu rauchen, suchen sich einen Job, werden aktiver und finden irgendwann auch die Liebe. Von jemandem, der einen Tiefpunkt erlebt, zu trinken beginnt und dann die große Liebe findet, hört man hingegen nie. Das passiert nicht. Daher glaube ich, dass die Liebe dann zu uns findet, wenn wir zu uns selbst gefunden haben und einen Sinn in unserem Leben erkennen.

3. Akzeptiere, dass Beziehungen vergänglich sind

Wenn uns etwas glücklich macht, versuchen wir, es festzuhalten und nie wieder loszulassen – und das kann uns großen Kummer verursachen. Denn alles verändert sich, immer. Deshalb können wir nichts und niemanden an uns binden, so glücklich wir in einem bestimmten Augenblick auch sein mögen. Selbst wenn wir mit den Menschen aus unserer Vergangenheit zusammen wunderbare Zeiten erlebt haben, bringt es nichts, diese Zeiten wieder aufwärmen zu wollen. Es ist unser Schicksal, gute Dinge wie die Liebe zu genießen, solange sie andauern, und sie loszulassen, wenn ihre Zeit gekommen ist. Betrachte die Erfahrungen als etwas, das dich prägt, und schau nach vorn. Wenn wir loslassen, geben wir uns die Chance, etwas Neues zu erleben.

POSITIV DENKEN

Positive Gefühle sind aus verschiedenen Gründen wichtig. Wir glauben oft, dass angenehme Gefühle keine weiteren Auswirkungen auf uns hätten, als dass sie uns in gute Stimmung versetzen. Doch das ist nur ein Bruchteil dessen, was wirklich passiert. Wenn wir uns aktiv um positive Gefühle wie Freude bemühen, schärft das unsere Fertigkeiten. Wer seinen Interessen nachgeht und beispielsweise ein neues Buch liest oder einen noch nie beschrittenen Wanderweg ausprobiert, öffnet sich für neue Erfahrungen – und das kann nach einer Trennung oder Scheidung genau das Richtige für uns sein. Dadurch versetzen wir uns nicht nur in gute Stimmung, sondern wirken auch negativen Gefühlen entgegen.[81, 82] Für mehr positive Gefühle zu sorgen ist ein wirksames Mittel gegen negative Gefühle.[82] Sie haben einen Auflösungseffekt. Wenn es uns nicht gut geht und wir uns etwas anschauen, das uns zum Lachen bringt, erholen wir uns schneller von dem Stimmungstief. Positive Gefühle tragen dazu bei, innere Ressourcen aufzubauen. Wir haben mehr Kraft und sind besser darauf vorbereitet, kommende Herausforderungen zu meistern. Ein Beispiel: Laut einer Studie erholen sich Menschen nach einem Film, der ihnen Angst eingejagt hat, schneller von ihrem Schreck, wenn sie direkt im Anschluss etwas schauen, das wohlige Gefühle in ihnen auslöst oder sie zum Lachen bringt. Bei anderen, die erst den Furcht einflößenden Film geguckt hatten und dann etwas, das nur neutrale Gefühle in ihnen geweckt hat, dauerte es länger, bis die Angst wieder verflog.[82] Dieses einfache Beispiel zeigt: Wenn wir uns bewusst um positive Gefühle bemühen, kann das die Auswirkungen der negativen Empfindungen ausgleichen und bedeutende Vorteile für unser Wohlbefinden haben.

4. Freund:innen treffen

Gerade wenn es dir richtig schlecht geht, ist es gut, dich mit Menschen zu treffen, die du gern magst (oder mit ihnen zu telefonieren). Teil eines gesellschaftlichen Gefüges zu sein verringert die Auswirkungen von Stress auf die psychische Gesundheit. Eine Studie der Harvard University ergab, dass Menschen mit ausgeprägten zwischenmenschlichen Beziehungen tendenziell glücklicher sind.[83] Auch wenn ein Treffen mit deinen Freund:innen den Liebeskummer nicht verschwinden lässt, geht es dir danach trotzdem meist besser.

5. Setze auf die Macht der Vergebung

Der letzte Punkt, den ich in diesem Kapitel ansprechen möchte, ist Vergebung, auch wenn es in Büchern nur selten darum geht und sich auch die sozialen Medien kaum mit dem Thema befassen. Denn Vergebung ist wichtig. Sie ist der Ölzweig, den wir einem anderen Menschen reichen können, nachdem dieser uns verletzt hat. Auch wenn wir jedes Recht hätten, ihn zu bestrafen, entscheiden wir uns dafür, die Sache auf sich beruhen zu lassen. Vielleicht befindet sich dieser Mensch nun in einer schwierigen Situation, aber statt nachzutreten, weil er uns früher einmal schlecht behandelt hat, verzeihen wir ihm.

Sich nachsichtig zu zeigen und anderen Menschen zu vergeben, verschafft uns das Gefühl, Einfluss auf die Situation zu haben. Wenn jemand einen Fehler macht und wir aktiv beschließen, zu verzeihen, können wir daran glauben, dass auch unsere Fehler vergeben werden. Wir gehen weniger hart mit uns selbst ins Gericht, wenn wir einmal etwas Unrechtes getan haben. Und im Zusammenhang mit Beziehungen verschafft es uns etwas Seelenfrieden.

Wir haben schon oft gehört, dass es gut ist, eine gescheiterte Beziehung »hinter uns« zu lassen und nach vorn zu schauen. Meistens versuchen wir, das zu erreichen, indem wir mit der anderen Person darüber sprechen, warum die Partnerschaft in die Brüche gegangen ist, oder sie fragen, was wir hätten besser machen können. Aber das kann zu unangenehmen Situationen führen. Und selbst wenn du dich mit deinem oder deiner Ex triffst, kann es sein, dass du überhaupt keine Antworten erhältst. Dabei ist ein direkter Austausch mit der anderen Person gar nicht unbedingt nötig, um einen endgültigen Schlussstrich zu ziehen. Das geht auch zu

Hause, allein, nur mit dir und deinen Gedanken. Oft reicht es, anzuerkennen, dass der andere Mensch uns verletzt hat, wir ihm aber trotzdem verzeihen.

Ein Mönch, den ich einmal auf einer Reise getroffen habe, sagte zu mir: »Du kannst vergeben, aber das heißt nicht, dass du vergessen solltest.« Wir werden nicht vergessen, denn wir nehmen die Lehren, die wir aus der Vergangenheit ziehen, mit in die Zukunft. Und wir vergeben, weil wir so zu innerem Frieden finden.

Knapp auf den Punkt

Trennungen und Scheidungen sind immer schwer, aber die Art und Weise, wie du sie betrachtest, wie du mit dem Schmerz umgehst, hat Auswirkungen darauf, wie schnell du dich erholst. Wenn du deine Aufmerksamkeit auf das richtest, was du durch die Trennung gelernt hast, und dir ihre Vorteile vor Augen führst – auch wenn das völlig unsinnig klingt –, kann das deinen Blick auf die Zukunft beeinflussen. Es kann dir einen neuen Bezugsrahmen verschaffen. Wenn du Dinge unternimmst, die dir guttun, statt dich selbstzerstörerisch zu verhalten, oder wenn du versuchst zu vergeben, kannst du das, was passiert ist, hinter dir lassen – und einen Funken Licht im Dunkeln entdecken.

KAPITEL 9

DU FÜHLST DICH GESCHWÄCHT?

Wie du an Krisen wachsen kannst

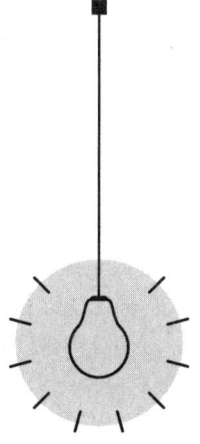

Ich hoffe sehr, dass dir dieses Kapitel hilft, wenn du gerade akut Unterstützung benötigst. Solltest du beispielsweise mit einer schlimmen finanziellen Notlage kämpfen, eine dir nahestehende Person verloren haben oder an einer schweren Krankheit leiden, bist du genau der Mensch, den ich beim Schreiben dieses Kapitels vor Augen hatte.

Wenn wir schwere Zeiten durchmachen, fühlen wir uns manchmal davon überwältigt. Immer wieder passieren Dinge, auf die wir keinen Einfluss haben, Dinge, die sich unserer Kontrolle entziehen – wie etwa die Corona-Pandemie. Ich habe im Auftrag einer Zeitschrift einen Artikel über posttraumatisches Wachstum angesichts der Auswirkungen der Pandemie auf unser Wohlbefinden geschrieben und führe die wichtigsten Erkenntnisse daraus nun hier auf.

Zu Beginn dieses Kapitels findest du einen wissenschaftlich belegten Tipp für den Notfall, eine Übung, die du umgehend anwenden kannst, wenn du eine Krise durchmachst. Im Mittelteil erfährst du, wie schwere Zeiten dafür sorgen, dass wir unser inneres Rüstzeug stärken und eine neue Perspektive auf das Leben gewinnen – basierend auf Hunderten Studien aus der ganzen Welt. Der letzte Teil des Kapitels gibt dir fünf Langzeitstrategien für schwierige Lebenssituationen an die Hand.

TIPPS FÜR DEN NOTFALL

- **Betrachte das Erlebte mit anderen Augen.** So blöd es auch klingen mag, überlege dir drei positive Dinge, die du aus der schlimmen Erfahrung mitnimmst. Wenn wir uns den Nutzen einer Situation vor Augen führen, hilft uns das, sie in einem anderen Licht zu sehen. Wir erlangen das Gefühl, damit zurechtzukommen. So kann uns ein schwerer Schicksalsschlag zum Beispiel dazu bringen, unser Leben zu verändern, und ein Jobwechsel könnte eine Chance auf einen neuen Wohnort oder auf mehr Reisen sein. Oder du genießt von nun an die kleinen Dinge im Leben (wie das Abendessen mit der Familie), die du vorher für selbstverständlich gehalten hast.

POSTTRAUMATISCHES WACHSTUM – WISSENSCHAFTLICH BETRACHTET

Lesedauer: ⏱ 10 Minuten

Wenn wir jemanden oder etwas verlieren, der oder das uns wichtig war, oder eine schlimme Nachricht erhalten, bekommen wir von allen Seiten zu hören, wie furchtbar das ist und dass harte Zeiten und schwere Prüfungen häufig in eine Abwärtsspirale oder sogar zu Depressionen führen können. Und obwohl das alles stimmt und wirklich niederschmetternd ist, solltest du wissen, dass solche Erfahrungen uns auch stärker machen können, widerstandsfähiger. Eine erschütternde Erfahrung kann uns das innere Rüstzeug verschaffen, das uns in der Zukunft noch schwerere Stürme überstehen lässt.[73] Dieses Phänomen wird als »posttraumatisches Wachstum« bezeichnet.

Auf unserem Weg durch das Leben hängen wir Vorstellungen und Überzeugungen über die Welt um uns herum an, die uns erden. Dadurch fühlen wir uns sicher und geborgen, sodass wir uns auf das konzentrieren, was uns im jeweiligen Augenblick beschäftigt, und den Rest ausblenden. Diese Vorstellungen verschaffen uns ein Gefühl der Stabilität. So gehen wir beispielsweise davon aus, dass das Leben vorhersehbar ist – wir glauben, wenn wir hart arbeiten, ist unser Chef zufrieden und befördert uns, oder wenn wir uns vernünftig ernähren und Sport treiben, bleiben wir lange gesund. Tritt die Katastrophe dann aber trotzdem ein – sollten wir beispielsweise erfahren, dass wir eine schwere Krankheit haben, oder unseren Job verlieren, obwohl wir immer hart gearbeitet haben –, kann das unsere Gewissheiten einstürzen lassen. Unsere Überzeugungen implodieren, haben keine Gültigkeit mehr, und wenn wir unsere Psyche wieder ins Gleichgewicht bringen wollen, müssen wir uns diese Überzeugungen noch einmal genau anschauen und sie vielleicht sogar durch andere ersetzen.[84]

Schwere Zeiten können uns verändern

Niemand kann leugnen, dass schwere Zeiten uns zu schaffen machen. Sie können uns jede Hoffnung rauben und sogar Depressionen verursachen. Als bei meiner Mutter zum zweiten Mal Krebs diagnostiziert wurde, hatte ich das Gefühl, dass meine Welt zusammenbricht. Ich war wie betäubt und verstand nicht, wie das sein konnte. Sie hatte immer ein gesundes und aktives Leben geführt und war mit 58 zu jung, um so etwas durchmachen zu müssen. Es fiel mir schwer, die Krankheit zu akzeptieren, und die Trauer überwältigte mich. Manchmal kam sie völlig aus dem Nichts: Plötzlich hatte ich das Gefühl, einen schweren Stein im Magen zu haben, und ich konnte nicht mehr klar denken. Das konnte in den unpassendsten Momenten passieren: bei der Arbeit, im überfüllten Bus, auf dem Weg nach Hause, im Gespräch mit jemandem, der so wirkte, als hätte er so gut wie keine Sorgen.

Doch je mehr ich zu kämpfen hatte, desto stärker spürte ich auch, dass sich etwas in mir veränderte; es war fast, als würde ich anderen Menschen eine unsichtbare Hand entgegenstrecken, um mich an ihnen festzuhalten und mir helfen zu lassen. Ich entwickelte eine stärkere Bindung zur Welt. Ich weiß noch, wie ich eines Tages nach der Arbeit eine junge Frau gesehen habe, die im Stadtzentrum Flugblätter verteilte. Normalerweise nahm ich so etwas nie an, weil ich damit nichts anfangen konnte. Aber meine Mutter pflegte jedes Flugblatt einzustecken, das ihr jemand in die Hand drückte, und als ich sie einmal fragte, warum, sagte sie, sie wolle »eben nett sein«. Jahrelang erschloss sich mir nicht, was das bringen sollte, doch in diesem Augenblick, als ich eine der dunkelsten Phasen meines Lebens durchmachte, begriff ich es. Jemand streckte mir die Hand entgegen. Klar, die Frau wollte nur ihre Flugblätter loswerden und gab sie allen, die an ihr vorbeiliefen, aber ich hatte trotzdem das Gefühl, in diesem Moment etwas Licht in ihren Tag bringen zu können, wenn ich das Flugblatt nahm, statt es abzulehnen. Also griff ich danach, lächelte die Frau an und dankte ihr. Sie lächelte zurück. Diese kurze Interaktion, dieser freundliche Blick, den ich für meine kleine Geste erntete, hellte meine Stimmung auf und sorgte dafür, dass ich mich an jenem Nachmittag nicht mehr so allein fühlte. Genau diese neue Verbundenheit mit der Welt und die Wertschätzung der kleinen Dinge machen posttraumatisches Wachstum aus.[84]

Als meine Mutter zum ersten Mal Brustkrebs hatte, waren ihre Testergebnisse monatelang in ihrer Hausarztpraxis verschollen, was die Behandlung verzögerte. Das konnte sich auf ihre Heilungschancen auswirken; die Diagnose und das lange Grübeln über die verschwundenen Testergebnisse hatten sie traumatisiert.

Doch nach Abschluss der Behandlung erzählte mir meine Mutter, dass die gesamte Erfahrung sie verändert habe. Sie verspürte eine tiefere Verbundenheit zur

Natur und wollte reisen. Statt sich daran aufzuhängen, was passiert war, schaute sie nur nach vorn. Und als einige Jahre später erneut Krebsmetastasen in ihrem Körper entdeckt wurden, veränderte sie sich noch mehr. Nachdem sie ein paar Monate lang schwer damit zu kämpfen hatte, die Diagnose zu verarbeiten, erkannte sie, dass es im Leben vor allem auf das Hier und Jetzt ankommt. Ironischerweise sorgte die zweite Erkrankung dafür, dass sie weniger Angst hatte, nicht mehr, und ein ganz neues Verständnis des Lebens erlangte. Weder klammerte sie sich mit aller Macht daran, es verlängern zu wollen, noch haderte sie mit ihrem Schicksal. Stattdessen beschloss sie, jeden Tag zu genießen.

Posttraumatisches Wachstum kann alle möglichen unerwarteten Veränderungen mit sich bringen. Es kommt vor, dass wir eine ganz neue Einstellung zum Leben entwickeln. Oft sagen Menschen, die eine schwere Krise überstanden haben, dass sie das Leben danach ganz anders wertschätzen. Manche haben sogar ein neues Lebensziel für sich entdeckt, »den Ruf eines potenziellen Sinnes, der darauf wartet, erfüllt zu werden«, wie der Neurologe Viktor Frankl es formulierte. Das kann eine so einfache und doch so tief greifende Erkenntnis sein wie die, dass der monotone Job, den man ausübt, nicht glücklich macht und ein Wechsel nötig ist. Eine Frau bemerkte nach einer Krebsdiagnose, dass ihr Beruf ihr keine Freude machte, und entschied sich, Krankenpflegerin auf der Krebsstation zu werden, weil das ihrem Leben einen Sinn verlieh.[84, 85]

Posttraumatisches Wachstum kann ganz unerwartete Entwicklungen zur Folge haben. Manche Menschen entdecken ihre Spiritualität und erkennen, dass sie stärker sind, als sie je gedacht hätten. Judith Viorst, die sich mit den Themen Verlust und Trauma beschäftigt hat, zitiert in ihrem Buch den Rabbi Harold Kushner, dessen Sohn gestorben war. An diese Erfahrung dachte Rabbi Kushner zurück, als er sagte:[84, 86]

»Durch Aarons Leben und Tod bin ich ein sensiblerer Mensch und ein mitfühlenderer Ratgeber geworden, als ich es andernfalls je gewesen wäre. Und ich würde alles, was ich daran gewonnen habe, augenblicklich aufgeben, wenn ich dafür meinen Sohn wiederbekäme. Wenn ich es mir aussuchen könnte, würde ich auf jegliche geistige Entwicklung und Tiefe verzichten, die mir durch unsere Erfahrungen zuteilgeworden ist.... Aber diese Wahl habe ich nicht.«

Es ist interessant, dass wir, nachdem wir Krisen durchlebt und sie überstanden haben, oft zu einem anderen Menschen werden – eine stärkere Version unserer selbst. Auf lange Sicht sind die Veränderungen oft positiv. Solltest du gerade eine schwierige Zeit durchmachen und nach Möglichkeiten suchen, den posttraumatischen Wachstumsprozess zu unterstützen oder dein psychisches Wohlbefinden zu fördern, gibt es einiges, was du tun kannst.

5 STRATEGIEN
FÜR DAS RASCHE ÜBERWINDEN VON KRISEN

Lesedauer: 🕐 10 Minuten

1. Unterdrücke deine Gefühle nicht

Ichiro Kawachi, Wissenschaftler an der Harvard University, fand heraus, dass Bemühungen, vor Gefühlen davonzulaufen oder sie wegzuschieben, das Risiko für einen verfrühten Tod erhöhen.[87] Denn wenn wir die angestaute Wut, Enttäuschung und Traurigkeit nicht herauslassen, kann sich das auf unsere Gesundheit auswirken und zu potenziell schädlichen Formen des Umgangs mit diesen Empfindungen führen – etwa zu einer Ess- oder Alkoholsucht.[87, 88]

Wer seine Gefühle unterdrückt, ist zudem meist weniger zufrieden mit seinem Leben, und auch das Selbstwertgefühl leidet. Gefühle unter Verschluss zu halten kann dazu führen, dass man nicht authentisch wirkt – solche Menschen versuchen oft, sich nach außen hin ruhig und kontrolliert zu geben, obwohl ihnen eigentlich sehr bewusst ist, welche Kämpfe sich in ihrem Inneren abspielen. Der Widerstreit zwischen ihrem Äußeren – der Maske, die sie aufsetzen – und ihren wahren Empfindungen kann ihre Gemütslage weiter beeinträchtigen.[89]

Wenn du daher schwere Zeiten durchmachst und traurig, wütend oder frustriert bist, lebe diese unangenehmen Empfindungen lieber aus, statt sie zu unterdrücken. Versuche nicht, dich zu betäuben, sondern lass die Gefühle zu.

2. Schreib es nieder

Ein Hilfsmittel, das wir anwenden können, um den Heilungsprozess zu unterstützen, besteht darin, das Erlebte aufzuschreiben. Forschungen haben ergeben, dass es uns psychisch und körperlich Linderung verschafft, unsere traumatischen Erfahrungen zu Papier zu bringen. Die Anspannung lässt nach, und wir sind besser in der Lage, den Alltag zu bewältigen. Es kommt allerdings darauf an, *wie* wir schreiben. In einer Untersuchung zum Umgang mit Trauma und Stress[90] erhielten einige Teilnehmende die Anweisung, nur ihre Gefühle rund um das Ereignis niederzuschreiben, während andere nicht nur ihre Gefühle festhalten sollten, sondern vor allem auch, wie sie die Situation einordneten. Wie sich herausstellte, gingen diejenigen, die ihre Gedanken, Gefühle und Einordnungen notierten, vermehrt gestärkt aus der Situation hervor, die anderen hingegen nicht. Das Ergebnis dieser Studie ist überraschend und faszinierend zugleich. Die Schreibübung kann uns also helfen, nach vorne zu schauen.

Warum ist diese Methode so wirksam? Indem wir uns dem öffnen, was wir durchgemacht haben, indem wir es niederschreiben, können wir »ungelöste Themen«

lösen. Ereignisse, die uns zutiefst treffen, können uns zeitweilig völlig aus der Bahn werfen. Dann reicht unser inneres Rüstzeug nicht aus, um uns zu stützen.

Wenn wir unsere Gedanken nicht in Worte fassen oder anders zum Ausdruck bringen, können sie uns verwirren, weil sie vage bleiben und keine feste Gestalt haben. Aber ist dir schon einmal aufgefallen, dass Dinge oft deutlich klarer wirken, sobald du darüber sprichst – oder das Problem einfach aufschreibst –, und dir vielleicht sogar eine Idee kommt, wie du damit umgehen könntest? Wenn wir uns bemühen, das, was wir empfinden, in Worten auszudrücken, machen wir die Gefühle in uns greifbar. Ein Gedanke, den wir zu Papier gebracht haben, ist nicht länger diffus: Wir haben ihm eine Form gegeben, er ist jetzt konkret. Dieser Prozess verschafft uns Klarheit. Unabhängig davon, ob wir das, was uns beschäftigt, mit anderen besprechen oder es für uns behalten, ist der Nutzen enorm.

Indem wir Dinge zu Papier bringen, lernen wir mehr über uns selbst.

3. Suche den Austausch mit Menschen, die Ähnliches erlebt haben

In schweren Zeiten kann es hilfreich sein, mit anderen zu sprechen, die Ähnliches durchgemacht haben. Das ist wichtig, um den posttraumatischen Wachstumsprozess zu fördern. Forschungen zeigen, dass wir, wenn wir unsere Erfahrungen mit Menschen besprechen, die Ähnliches erlebt haben (etwa in einer Selbsthilfegruppe),[84] häufig aus ihrem Umgang mit der Situation lernen. Uns werden verschiedene Perspektiven und Ansichten aufgezeigt, und wir haben die Möglichkeit, diese Ansichten zu übernehmen und somit unser inneres Rüstzeug zu stärken. Dadurch sind wir nicht nur besser auf zukünftige Krisen vorbereitet, sondern können das Erlebte auch in den größeren Zusammenhang des Lebens einordnen. So erhält das Leid einen Sinn.

4. Treibe Sport

Körperliche Betätigung setzt Endorphine frei. Diese Endorphine verringern das Schmerzempfinden und können wie eine Art Beruhigungsmittel fungieren, was uns in schwierigen Zeiten guttut.[91] Wissenschaftlich betrachtet wirkt Sport »wie eine Droge«, er kann sogar abhängig machen.[91] Wenn du daher anfängst, joggen zu gehen oder dich anderweitig zu bewegen, wird der stetige Fluss der Endorphine dafür sorgen, dass es dir mit der Zeit besser geht. Laut Studien beugt körperliche Aktivität Depressionen, Angstzuständen und einem vorzeitigen Tod vor.[92, 93]

5. Die Kraft von Religion und Spiritualität

Albert Einstein war einer der größten Wissenschaftler, die je gelebt haben – ein Mann, der enormen Einfluss auf die moderne Physik hatte und für seine Arbeit mit dem Nobelpreis ausgezeichnet wurde. Er soll auch gesagt haben, dass sein Glaube an Gott desto stärker werde, je mehr er sich mit Wissenschaft befasse. Im nächsten Kapitel wird es darum gehen, wie Religion und Spiritualität einige der komplexesten Fragen des Lebens beantworten und uns in überwältigenden Situationen helfen können. Es zeigt, dass die Hinwendung zu einer höheren Macht durchaus als Quelle der Kraft dienen kann.

Knapp auf den Punkt

Krisen zu überstehen ist hart. Sie können depressive Gedanken, Wut und Verzweiflung auslösen. Doch obwohl diese Gefühle schwer auszuhalten sind, können uns schlimme Erfahrungen immer auch stärker machen, sie können eine innere Entwicklung anstoßen. Dieses Wissen nimmt uns vielleicht einen Teil der Angst – der Angst davor, dass uns im Verlauf der Jahre weitere schwere Prüfungen bevorstehen.

Das Leben ist unvorhersehbar, doch eins ist sicher: Viele Menschen sind viel stärker, als sie denken, und wenn wir durchhalten und die Hoffnung nicht aufgeben, finden wir oft einen Weg, die schwere Zeit zu überstehen. Ein altes Sprichwort lautet: »Der größte Ruhm liegt nicht darin, niemals hinzufallen, sondern darin, jedes Mal wieder aufzustehen.«

KAPITEL 10:

DU FÜHLST DICH
AM ENDE?

So kannst du
Hoffnung schöpfen

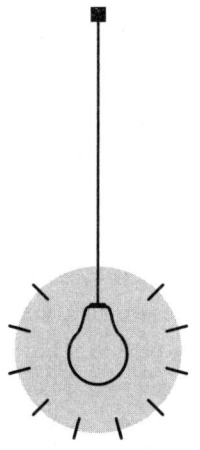

Die westliche Gesellschaft hat sich in den letzten Jahrzehnten zunehmend säkularisiert, sodass wir heute hauptsächlich der Wissenschaft vertrauen. Trotzdem verspüren Menschen immer noch das Bedürfnis, einen Sinn in ihrem Leben zu erkennen und jenseits der Wissenschaft nach Antworten zu suchen. Diese Antworten finden sich in einer anderen Dimension: in einer Sphäre des Heiligen, die alles Materielle und Physikalische übersteigt und uns Seelenfrieden verschaffen kann.

In diesem Kapitel geht es darum, warum sich Menschen in Zeiten größter Not dem Glauben zuwenden und wie verschiedene Formen des Betens unsere psychische Gesundheit und unser Wohlbefinden beeinflussen können. Wir schauen uns des Weiteren an, warum viele Menschen Weisheit und Orientierung in der Spiritualität suchen. Praktiken wie Yoga und Meditation erfreuen sich überall auf der Welt enormer Beliebtheit, und Millionen Menschen suchen Reiki-Gurus und spirituelle Guides auf, um neue Hoffnung zu schöpfen.

Wenn du nach einem spirituellen Zugang suchst, findest du im Folgenden ein paar schnelle Tipps.

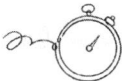

TIPPS FÜR DEN NOTFALL

- **Sammle Blätter und Steine.** Eine Methode, um Zugang zur Spiritualität zu finden, besteht darin, rauszugehen und die Verbindung zur Natur zu suchen. Nimm ein paar Blätter und Steine in die Hand, die dir gefallen. Das klingt vielleicht eher schlicht, kann in Krisenzeiten aber eine beruhigende Wirkung haben. Vielleicht verspürst du in dem kurzen Augenblick, in dem du ein Blatt anfasst und es in deiner Hand rascheln hörst oder in dem du die glatte Oberfläche eines Steins befühlst, eine gewisse Befreiung von unserer materiell geprägten Welt: Das reine, natürliche Blatt bildet einen Kontrast zum Plastik, das wir jeden Tag in der Hand halten, zu allem, was künstlich und vom Menschen geschaffen ist. Du kehrst zurück zu den Ursprüngen.
- **Erwäge ein gemeinsames Gebet mit Freunden.** Das erzeugt Verbundenheit und vermittelt dir den Eindruck, gehört zu werden. Du öffnest dich Gott mit Freunden an deiner Seite. Das schafft ein Gefühl des Rückhalts.

BETEN – PSYCHOLOGISCH BETRACHTET

Lesedauer: 🕐 10 Minuten

In den schwierigsten Phasen unseres Lebens, in denen es uns am schlechtesten geht, sind wir auch am verletzlichsten. Das sind oft die Zeiten, in denen unsere wohlerprobten Krisenbewältigungsmethoden nichts ausrichten können und wir nach neuen Wegen suchen. Außerdem sind das die Zeiten, in denen wir am empfänglichsten für neue Ansätze sind. Auf der Suche nach Rat oder Trost öffnen sich manche Menschen der Religion.

Glaube kann mehr sein, als viele meinen – mehr als der Besuch eines Gotteshauses oder das regelmäßige Lesen von Texten. Er kann das sein, dem wir uns zuwenden, wenn wir allein in unserem Zimmer sind und um Hilfe bitten, um jede Hilfe, die uns eine schwierige Zeit überstehen lässt. Er kann der letzte Strohhalm sein, an den du dich klammerst, wenn alles andere versagt hat. Oder er ist etwas, mit dem du dich tief in deinem Innersten verbunden fühlst, während du deinem Alltag nachgehst.

Die Art und Weise, wie du deine Religiosität auslebst, kann große Auswirkungen auf deine psychische Gesundheit haben. Dein Glaube kann dein Wohlbefinden stärken und dir inneren Frieden verschaffen oder dich in Panik versetzen und dich in ein Tief stürzen lassen. Deshalb müssen wir uns genauer anschauen, was das Konzept ausmacht und wie die verschiedenen Umgangsweisen damit aussehen.

Was ist Religion?
Religion ist immer mit dem Sakralen verbunden. Menschen wenden sich dieser Dimension zu, wenn sie Antworten auf die großen Fragen des Lebens suchen, etwa: »Was ist der Sinn des Lebens?« oder »Was passiert nach dem Tod?« Wenn wir Leid erfahren, versuchen wir manchmal zu ergründen, warum es gerade uns zu diesem Zeitpunkt widerfährt. Sobald wir den Widrigkeiten, denen wir ausgesetzt sind, eine Bedeutung zuweisen können, sind sie leichter zu ertragen.[94]

Glaube kann tröstlich wirken und Menschen das Gefühl geben, dass ihr Tun etwas bewirkt. Oft entdecken wir die Religion gerade in Krisensituationen für uns, wenn wir unseren Job verloren haben, krank sind, uns scheiden lassen oder finanzielle Probleme haben. Sie kann uns eine Stütze sein, wenn wir sonst niemanden haben.

Ich erinnere mich noch daran, wie ich vor vielen Jahren ein Bild von einer Wüstenlandschaft aus goldenem Sand mit einer Spur aus Fußabdrücken gesehen habe. Neben dem Bild stand so etwas wie: »Vater, in meiner dunkelsten Stunde hast du mich verlassen. Ich litt Schmerzen und brauchte dich am meisten, doch in diesen Augenblicken warst du nirgendwo zu finden.

Ich flehte um deine Hilfe, du hättest an meiner Seite sein sollen, aber ich sehe nur meine Fußspuren.« Darauf antwortete Gott: »Mein Sohn, in deiner dunkelsten, schwersten Stunde habe ich dich getragen. Als du nicht mehr laufen konntest, kam ich dir zur Hilfe. Als dich deine Kraft verlassen hat, habe ich dich auf meine Arme genommen. Deshalb ist dort nur eine Fußspur zu sehen.« Die Bedeutung dieser Sätze ist mir über all die Jahre in Erinnerung geblieben und drückt für mich den Kern des Glaubens aus.

Religion und Selbstachtung

Der Glaube spendet uns nicht nur Trost, sondern prägt auch unsere Selbstachtung. Wer seinen Körper als etwas Gottgegebenes betrachtet, neigt eher dazu, sich gut um ihn zu kümmern, ihn zu nähren und Ausschweifungen zu meiden. Wenn dein Körper dir heilig ist, bringst du dir selbst womöglich mehr Wertschätzung entgegen. Das bedeutet allerdings nicht, dass alle Gläubigen auf sich achtgeben, sondern nur, dass Menschen, die ihren Körper als wertvoll betrachten,[94, 95] eher dazu neigen.

Was uns das Beten lehren kann

Jeder Mensch betet anders. Wie genau jemand, der glaubt oder eine Religion praktiziert, dabei vorgeht, kann Auswirkungen auf sein Wohlbefinden haben. Schauen wir uns daher zwei Arten des Betens an – wie beeinflussen sie uns und unser Selbstbild?

Der kollaborative Ansatz

Eine Möglichkeit, Gott anzurufen, ist der »kollaborative Ansatz«.[96] Menschen, die ihn verfolgen, gehen ihre Probleme mit Gott als Partner an ihrer Seite an. Sie arbeiten mit ihm zusammen, um Lösungen zu finden. Das bedeutet, dass sie eine aktive, lösungsorientierte Haltung einnehmen. Lösungsorientiertes Handeln geht oft mit einer positiven Wirkung auf das psychische Wohlbefinden einher.

Der übertragende Ansatz

Andere verfolgen beim Beten einen »übertragenden Ansatz«. Sie reichen ihre Probleme an Gott weiter und hoffen darauf, dass er sie löst. Dieser Ansatz findet sich häufig bei Menschen, die sich selbst keine großen Fähigkeiten im Leben zuschreiben und Gott als eine Instanz betrachten, die ihnen alle Antworten liefert. Sie scheuen eher davor zurück, selbst nach Lösungen zu suchen, und haben oft Angst davor, etwas auszuprobieren. Der übertragende Ansatz kann einschränkend wirken: Hinken wir beispielsweise bei der Arbeit hinterher, bringt das Beten nicht viel, wenn wir uns nicht gleichzeitig darum bemühen, unsere Situation zu verbessern – etwa, indem wir anfangen, die Unterlagen durchzuarbeiten oder den Bericht zu schreiben. Wir entziehen uns durch die Übertragung des Drucks und der Probleme auf Gott unserer Verantwortung. Gleichzeitig berauben wir uns der Macht, selbst etwas bewirken zu können. Eine gute Orientierung bietet deshalb der alte Seemannsspruch: »Ich bete zu Gott, höre aber nicht auf zu rudern.«

In einem anderen Zusammenhang kann die Übertragung aber ein enorm hilfreicher Ansatz sein, nämlich, wenn wir es mit Umständen zu tun haben, die sich unserer Kontrolle entziehen, wie einer schweren Krankheit oder einem Unfall.[96] Dann können diese Art des Betens und die Gewissheit, auf eine höhere Macht zu vertrauen, auch wenn wir selbst nichts tun können, uns eine Last von den Schultern nehmen. Untersuchungen zufolge litten Menschen mit Krebs im fortgeschrittenen Stadium, die religiös waren und in den schlimmsten Phasen zu Gott beteten, weniger Qualen als andere.[97]

Beten als aktive Verhaltensweise

Man könnte meinen, das Beten sei eine passive Herangehensweise an die Probleme des Lebens. Aber das stimmt laut Forschungen nicht unbedingt: Es gibt ganz unterschiedliche Ansätze, Krisen mithilfe des Glaubens zu bewältigen.[98] Menschen, die den »kollaborativen Ansatz« verfechten, versuchen, ihre Probleme zu lösen und verantwortlich zu handeln. Sie verharren nicht in Passivität, sondern werden aktiv tätig.

Unsere Ansichten über Gott haben Auswirkungen

Ein weiterer wichtiger Aspekt beim Thema Religion ist die Frage, was für einen Gott wir vor uns sehen. Ist es ein grundsätzlich liebender, uns unterstützender Gott oder ein Wesen, das straft und Leid verursacht? Die

Antwort auf diese Frage hat große Auswirkungen auf unser Wohlbefinden.

In Studien erzielten Probanden, die darauf vertrauten, dass Gott ihnen zur Seite stand, deutlich bessere Ergebnisse im Bereich der psychischen Gesundheit als andere. Wer ein positiv geprägtes Verhältnis zu Gott pflegte und das als Quell des Guten betrachtete, war weniger gestresst und eher optimistisch gestimmt.[98]

Die Menschen hingegen, die alles Schlechte, was ihnen widerfuhr, als Strafe Gottes für ihre Sünden betrachteten oder sich im Stich gelassen fühlten, schnitten deutlich schlechter ab. Auch diejenigen, die Gottes Macht für begrenzt hielten und nicht glaubten, dass er das herbeiführen könne, was sie sich in ihren Gebeten wünschten, neigten zu einer Negativspirale. Sämtliche Spannungen und Konflikte in ihrer Beziehung zu Gott gingen mit Ängsten und depressiven Phasen einher.[98-100] Ich habe mal eine Frau getroffen, die gesundheitliche Probleme hatte und Gott um Hilfe gebeten hat. Nach monatelangem Beten war die Krankheit immer noch da, woraus die Frau schloss, dass Gott nur über beschränkte Möglichkeiten verfügte, ihr zu helfen, oder sie vergessen hatte. Das hatte nicht nur negative Auswirkungen auf ihre Stimmung, sondern verschlimmerte zudem auch noch ihr körperliches Leid.

Jedes Mal, wenn der Gedanke an Gott innere Kämpfe oder Auseinandersetzungen in uns auslöst, schadet das unserer psychischen Gesundheit. Doch wenn wir Gott als ausschließlich gerecht und liebevoll betrachten, tut uns das gut. Wir sind besser drauf, weil wir einen inneren Frieden verspüren.

Menschen, die glauben,
dass Gott sie im Stich gelassen hat
oder sie für ihre Sünden bestraft,
geht es meist schlechter als denen,
die glauben, dass Gott da ist,
um ihnen zu helfen.

Welchen Stellenwert die Religion in unserem Leben einnimmt, variiert von Person zu Person. Vielleicht bildet Gott nicht den Mittelpunkt deines Lebens, sondern ist nur ein Mitglied des Netzwerks, das du zurate ziehst, wenn du spirituelle oder emotionale Unterstützung benötigst. Dieses Netzwerk kann sich aus einer bunten Mischung von Personen zusammensetzen: Familienmitglieder, Freunde und Kolleginnen. Je nachdem, worum es geht, wenden wir uns an unterschiedliche Mitglieder dieser Gruppe. Laut Studien kann Gott eines von ihnen sein.[101, 102]

Hier ist eine Nachricht von Christoph, der mir geschrieben hat, wie ihm Gott und sein neu entstandener »Glaube« geholfen haben:

»Gott kann uns weder Arbeit abnehmen noch sie für uns erledigen, aber hin und wieder haben wir eine kleine Eingebung, welche Richtung wir einschlagen sollten, und verspüren den starken Impuls, etwas auf eine bestimmte Weise zu machen. Oder uns fällt plötzlich jemand ein, den wir bei einem Problem um Hilfe bitten können. Und dann versucht man es einfach – mit ein bisschen mehr Hoffnung als sonst, dass es wirklich klappen könnte. Man geht optimistischer an die Sache heran.«

SPIRITUALITÄT

Manche Menschen haben keinen Bezug zu Religion und Gott, wenden sich aber allgemein der Spiritualität zu, um Antworten zu finden. Sie setzen bei der Sinnsuche auf spirituelle Praktiken wie Achtsamkeit, Yoga und Meditation. Die beiden Ansätze schließen einander auch nicht aus. Vielleicht betrachtest du manche Aktivitäten auch gar nicht als »spirituell«, kannst aber trotzdem einen Nutzen daraus ziehen. Es folgen fünf Strategien für mehr Spiritualität in deinem Leben.

5 STRATEGIEN,
UM DEINE SPIRITUALITÄT ZU ERKUNDEN

Lesedauer: ⏱ 10 Minuten

1. Erhebende Musik hören

Wenn wir Musik hören, die uns bewegt, löst das oft mehr in uns aus – eine Sehnsucht nach *Sinn*. Musik kann uns in Hochstimmung versetzen und uns spirituell bereichern. Laut Forschungen kann Musik Angst und Schmerzen lindern und sich positiv aufs Gehirn auswirken.[103] Eine Studie ergab, dass wir nach zehn Minuten Mozart-Musik über ein besseres räumlich-visuelles Vorstellungsvermögen verfügen[104] – der sogenannte »Mozart-Effekt«. Selbst Ratten, denen man Mozart vorspielt, schneiden in Labyrinthen besser ab; sie sind schneller und machen weniger Fehler als Ratten, die nur ein weißes Rauschen, nichts oder minimalistische Musik gehört haben.[105] Wie es scheint, hat erhebende Musik einen positiven Effekt auf unsere Psyche und könnte daher in Zeiten der Not das Richtige für uns sein.

Musik hören lindert Ängste und Schmerzen.

2. Reisen

Neue Orte zu bereisen regt das Denken, Reflektieren und Träumen an. Eine unbekannte Landschaft zu sehen und die frische Luft einer Stadt einzuatmen, in der man noch nie war, wirkt belebend und ist spirituell bereichernd. Manchmal erkennen wir auf Reisen, was wir uns vom Leben wünschen und wovon wir uns besser verabschieden sollten – kleine Dinge, die unwichtig erscheinen, uns aber viel zu häufig aus dem Gleichgewicht bringen. Sollte eine Reise an einen fernen Ort nicht möglich sein, hat auch schon ein Tagesausflug eine große Wirkung.

3. Die Ursachen des Leids

Buddhistischen Mönchen zufolge entsteht Unzufriedenheit oft im Kopf. Daraus ergibt sich, dass auch die Ursachen für Glück und Leid im Geist zu finden sind. Manchmal denken wir zu viel nach und suchen nach Beweisen und einem offensichtlichen, klar definierten Weg zum Glauben – doch die spirituelle Dimension ist von Natur aus schwer zu fassen. Wenn wir feststellen, dass uns etwas hilft, und wir immer wieder darauf zurückkommen, ist das alles, was wir an Beweisen brauchen. Wenn es dir beispielsweise eine Zeit lang inneren Frieden verschafft, zu meditieren, heißt das, dass dies das Richtige für dich ist. Kehre in Krisen immer wieder dorthin zurück.

4. Seelenfrieden bedeutet Glück

Wir setzen Glück häufig mit aufregenden Erlebnissen gleich: Wir meinen, wenn wir das neue iPhone bekommen, das Konzert einer tollen Band besuchen, die ersehnte Textnachricht erhalten, werden wir glücklich sein. In diesen Augenblicken verspüren wir auch einen Schub an positiven Gefühlen, aber das Hoch lässt schnell nach. Dann sind wir wieder dort, wo wir angefangen haben, und immer noch nicht so glücklich, wie wir es gern wären.

Achtsamkeitsmeditationen zeigen, dass Glück gar nicht so komplex ist – es ist viel subtiler und hängt nicht von materiellen Dingen ab. Glück entsteht durch Seelenfrieden. Je mehr du Augenblicke der Gelassenheit und Ruhe zu schätzen lernst, desto glücklicher wirst du sein.

5. Barfuß durchs Gras

Eine weitere Möglichkeit, Zugang zur Spiritualität zu finden besteht darin, barfuß über eine Wiese zu laufen. Das wird auch als »sich erden« bezeichnet. Das Gefühl, barfuß durch Gras zu laufen, ist einzigartig und zwingt uns fast dazu, unsere Aufmerksamkeit ganz auf das Hier und Jetzt zu richten, auf die Unebenheiten und die weiche Erde unter unseren Fußsohlen, das unerwartete Kitzeln, das Glücksgefühl, das sich dabei einstellt. Wenn wir barfuß durch die Natur laufen, entsteht eine Verbindung zu ihr, wir erden uns und spüren die Spiritualität.

Knapp auf den Punkt

Manche Menschen wenden sich, wenn sie Hilfe benötigen oder nach einem tieferen Sinn suchen, der Spiritualität zu, andere der Religion. Wiederum andere verbinden Spiritualität und Religion. Wenn dir der Zugang zu beiden fehlt, du aber durchaus Interesse hast, das zu ändern, kannst du dich langsam herantasten: Schließe dich einer Gruppe für Achtsamkeitsmeditation an oder lies Texte darüber, wie der Glaube helfen kann.

Viele Menschen auf der ganzen Welt wenden sich an eine höhere Macht, wenn sie Unterstützung benötigen, denn hin und wieder strauchelt jede:r einmal. Wenn man in einem solchen Moment nach der Hand eines anderen Menschen greifen und glauben kann – an eine religiöse Instanz, eine spirituelle Kraft oder etwas anderes –, fällt man etwas weicher. Und es gelingt einem schneller und besser, wieder aufzustehen.

NACHWORT

In den letzten Jahren haben mir Menschen immer wieder geschrieben, dass sie mit mentalen Notlagen zu kämpfen hätten, und baten mich um Rat. Da war ein Mann, der wie gelähmt war, weil er keine Entscheidungen fällen konnte; ein Student, der immer alles aufschob; eine Frau, die ständig über den einen Fehler nachgrübelte. An Menschen wie sie habe ich beim Schreiben dieses Buches gedacht. Ich wollte ihnen zeigen, dass es einen anderen Weg gibt – einen Weg, der es uns ermöglicht, jede mentale Notlage zu überwinden und zu dem Menschen zu werden, der wir sein wollen –, egal, wie alt wir sind, wo wir im Leben stehen, oder was unser Problem ist. Ich hoffe, dieses Buch kann auch dir weiterhelfen, und du findest einen Weg, der für dich gut funktioniert und der dich weiterbringt.

QUELLEN

1. Dijksterhuis, A. et al., »On making the right choice: the deliberation-without-attention effect«. *Science*, 2006. 311(5763): S. 1005–1007.

2. Douglas, K. und D. Jones, »Top 10 ways to make better decisions«, in *New Scientist* 2007, https://www.newscientist.com/article/mg19426021-100-top-10-ways-to-make-better-decisions/.

3. Schwartz, B. et al., »Maximizing versus satisficing: happiness is a matter of choice«. *Journal of Personality and Social Psychology*, 2002. 83(5): S. 1178–1197.

4. Iyengar, S. S. und M. R. Lepper, »When choice is demotivating: can one desire too much of a good thing?« *Journal of Personality and Social Psychology*, 2000. 79(6): S. 995–1006.

5. Wilson, T. und D. Gilbert, »Affective Forecasting: Knowing What to Want«. *Current Directions in Psychological Science*, 2005. 14(3): S. 131–134.

6. Gilbert, D. T. et al., »Immune neglect: a source of durability bias in affect-ive forecasting«. *Journal of Personality and Social Psychology*, 1998. 75(3): S. 617–638.

7. Carpenter, S. »We don't know our own strength«, in *American Psychological Association*, 2001, https://www.apa.org/monitor/oct01/strength.

8. Marchetti, I. et al., »Self-generated thoughts and depression: from daydreaming to depressive symptoms«. *Frontiers in Human Neuroscience*, 2014. 8(131): S. 1–10.

9. Marchetti, I. et al., »Spontaneous Thought and Vulnerability to Mood Disorders: The Dark Side of the Wandering Mind«. *Clinical Psychological Science*, 2016. 4(5): S. 835–857.

10. Tice, D. M. und R. F. Baumeister, »Longitudinal study of procrastination, performance, stress, and health: the costs and benefits of dawdling«. *Psychological Science*, 1997. 8(6): S. 454–458.

11. Svartdal, F. et al., »On the Behavioral Side of Procrastination: Exploring Behavioral Delay in Real-Life Settings«. *Frontiers in Psychology*, 2018. 9: S. 746.

12. Hajloo, N., »Relationships between self-efficacy, self-esteem and procrastination in undergraduate psychology students«. *Iranian Journal of Psychiatry and Behavioral Science*, 2014. 8(3): S. 42–49.

13. Gallwey, W. T., *Erfolg durch Selbstcoaching: Mit der Inner-Game-Methode zu mehr Balance im Beruf.* Bildung und Wissen Verlag 2002.

14. Pychyl, T. A., *Solving the Procrastination Puzzle: A Concise Guide to Strategies for Change.* Jeremy P. Tarcher/Penguin 2013.

15. Gilbert, D. T. und T. D. Wilson, »Why the brain talks to itself: sources of error in emotional prediction«. *Philosophical Transactions of the Royal Society B: Biological Sciences,* 2009. 364(1521): S. 1335–1341.

16. Eldufani, J. et al., »Nonanesthetic Effects of Ketamine: A Review Article«. *American Journal of Medicine,* 2018. 131(12): S. 1418–1424.

17. Dweck, C., *Selbstbild: Wie unser Denken Erfolge oder Niederlagen bewirkt.* Piper 2017.

18. Haase, C. M. et al., »Happiness as a motivator: positive affect predicts primary control striving for career and educational goals«. *Personality and Social Psychology Bulletin,* 2012. 38(8): S. 1093–1104.

19. Baumeister, R. et al., *Losing Control: How and Why People Fail at Self-Regulation.* Elsevier Science 1994.

20. Mischel, W. et al., »The nature of adolescent competencies predicted by preschool delay of gratification«. *Journal of Personality and Social Psychology,* 1988. 54(4): S. 687–696.

21. Moffitt, T. E. et al., »A gradient of childhood self-control predicts health, wealth, and public safety«. *Proceedings of the National Academy of Science of the United States of America,* 2011. 108(7): S. 2693–2698.

22. Stromback, C. et al., »Does self-control predict financial behavior and financial well-being?« *Journal of Behavioral and Experimental Finance,* 2017. 14: S. 30–38.

23. Duckworth, A. L. et al., »What No Child Left Behind Leaves Behind: The Roles of IQ and Self-Control in Predicting Standardized Achievement Test Scores and Report Card Grades«. *Journal of Educational Psychology,* 2012. 104(2): S. 439–451.

24. Sternberg, R. J., »Intelligence«. *Dialogues in Clinical Neuroscience,* 2012. 14(1): S. 19–27.

25. Wong, M. M. und M. Csikszentmihalyi, »Motivation and academic achievement: the effects of personality traits and the quality of experience«. *Journal of Personality,* 1991. 59(3): S. 539–574.

26. Remes, O. et al., »A strong sense of coherence associated with reduced risk of anxiety disorder among women in disadvantaged circumstances: British population study«. *BMJ Open,* 2018. 8(4): S. e018501.

27. Park, N. et al., »Character strengths in fifty-four nations and the fifty US states«. *Journal of Positive Psychology*, 2007. 1(3): S. 118–129.

28. Muraven, M. und R. F. Baumeister, »Self-regulation and depletion of limited resources: does self-control resemble a muscle?« *Psychological Bulletin*, 2000. 126(2): S. 247–259.

29. Baumeister, R. F. et al., »Ego depletion: is the active self a limited resource?« *Journal of Personality and Social Psychology*, 1998. 74(5): S. 1252–1265.

30. Muraven, M. und D. Shmueli, »The self-control costs of fighting the temptation to drink«. *Psychology of Addictive Behaviors*, 2006. 20(2): S. 154–160.

31. Duckworth, A. L. et al., »Situational Strategies for Self-Control«. *Perspectives on Psychological Science*, 2016. 11(1): S. 35–55.

32. Muraven, M. et al., »Longitudinal improvement of self-regulation through practice: building self-control strength through repeated exercise«. *Journal of Social Psychology*, 1999. 139(4): S. 446–457.

33. Tice, D. M. et al., »Restoring the self: Positive affect helps improve self-regulation following ego depletion«. *Journal of Experimental Social Psychology,* 2007. 43: S. 379–384.

34. Fowler, J. H. und N. A. Christakis, »Dynamic spread of happiness in a large social network: longitudinal analysis over 20 years in the Framingham Heart Study«. *BMJ*, 2008. 337: S. a2338.

35. McGhee, P., *Humor as Survival Training for a Stressed-Out World: The 7 Humor Habits Program.* AuthorHouse 2010.

36. Marziali, E. et al., »The role of coping humor in the physical and mental health of older adults«. *Aging and Mental Health*, 2008. 12(6): S. 713–718.

37. Samson, A. C. und J. J. Gross, »Humour as emotion regulation: the differential consequences of negative versus positive humour«. *Cognition and Emotion*, 2012. 26(2): S. 375–384.

38. Ford, T. E. et al., »Effect of humor on state anxiety and math performance«. *Humor*, 2012. 25(1): S. 59–74.

39. Daviu, N. et al., »Neurobiological links between stress and anxiety«. *Neurobiology of Stress*, 2019. 11: S. 100191.

40. Fredrickson, B. L. und T. Joiner, »Positive emotions trigger upward spirals toward emotional well-being«. *Psychological Science*, 2002. 13(2): S. 172–175.

41. Fredrickson, B. L., »The broaden-and-build theory of positive emotions«. *Philosophical Transactions of the Royal Society B: Biological Sciences*, 2004. 359(1449): S. 1367–1378.

42. Tagalidou, N. et al., »Feasibility of a Humor Training to Promote Humor and Decrease Stress in a Subclinical Sample: A Single-Arm Pilot Study«. *Frontiers in psychology*, 2018. 9: S. 577.

43. Henman, L., »Humor, control & human connection: lessons from the Vietnam POWs«. *Humor*, 2001. 14(1): S. 83–94.

44. McGhee, P. »Using Humor to cope; humor in concentration/POW camps«. https://www.laughterremedy.com/article_pdfs/Using%20Humor%20to%20Cope-Part%202.pdf

45. Uvnäs-Moberg, K. et al., »Self-soothing behaviors with particular reference to oxytocin release induced by non-noxious sensory stimulation«. *Frontiers in psychology*, 2014. 5: S. 1529.

46. Simpson, H. B. et al., *Anxiety Disorders: Theory, Research and Clinical Perspectives*. Cambridge University Press 2010.

47. Hecht, D., »The neural basis of optimism and pessimism«. *Experimental Neurobiology*, 2013. 22(3): S. 173–199.

48. Carver, C. S. et al., »Optimism«. *Clinical Psychology Review*, 2010. 30(7): S. 879–889.

49. Ironson, G. et al., »Dispositional optimism and the mechanisms by which it predicts slower disease progression in HIV: proactive behavior, avoidant coping, and depression«. *International Journal of Behavioral Medicine*, 2005. 12(2): S. 86–97.

50. Ramírez-Maestre, C. R. et al., »The role of optimism and pessimism in chronic pain patients adjustment«. *Spanish Journal of Psychology*, 2012. 15(1): S. 286–294.

51. Jacobson, N. S. et al., »Behavioral activation treatment for depression: returning to contextual roots«. *Clinical Psychology: Science and Practice*, 2001. 8: S. 15.

52. Jacobson, N. S. und E. T. Gortner, »Can depression be de-medicalized in the 21st century: scientific revolutions, counter-revolutions and the magnetic field of normal science«. *Behaviour Research and Therapy*, 2000. 38(2): S. 103–117.

53. Martell, C. R. et al., *Depression in Context: Strategies for Guided Action*. W. W. Norton 2001.

54. NcNiel, J. M. und W. Fleeson, »The causal effects of extraversion on positive affect and neuroticism on negative affect: Manipulating state extraversion and state neuroticism in an experimental approach«. *Journal of Research in Personality*, 2006. 40(5): S. 529–550.

55. Britisches Rotes Kreuz, »Covid-19 and isolation: helpful things to remember about loneliness«, https://www.redcross.org.uk/stories/disasters-and-emergencies/uk/coronavirus-six-facts-about-loneliness.

56. Cacioppo, J. T. und S. Cacioppo, »The growing problem of loneliness«. *Lancet*, 2018. 391(10119): S. 426.

57. Murthy, V. »Work and the Loneliness Epidemic«, in *Harvard Business Review*, 2017, https://hbr.org/2017/09/work-and-the-loneliness-epidemic.

58. Hawkley, L. C. und J. T. Cacioppo, »Loneliness matters: a theoretical and empirical review of consequences and mechanisms«. *Annals of Behavioral Medicine*, 2010. 40(2): S. 218–227.

59. Rico-Uribe, L. A. et al., »Association of loneliness with all-cause mortality: A meta-analysis«. *PLOS ONE*, 2018. 13(1): S. e0190033.

60. Kiecolt-Glaser, J. K. et al., »Urinary cortisol levels, cellular immunocompetency, and loneliness in psychiatric inpatients«. *Psychosomatic Medicine*, 1984. 46(1): S. 15–23.

61. Caspi, A. et al., »Socially isolated children 20 years later: risk of cardiovascular disease«. *Archives of Pediatrics and Adolescent Medicine*, 2006. 160(8): S. 805–811.

62. Epley, N. und J. Schroeder, »Mistakenly seeking solitude«. *Journal of Experimental Psychology: General*, 2014. 143(5): S. 1980–1999.

63. Epley, N. und J. Schroeder, »The surprising benefits of talking to strangers«, BBC News, 2019, https://www.bbc.co.uk/news/world-48459940.

64. Burridge, T., »Crossing Divides: Can a ›chatty bus‹ combat loneliness?«, BBC News, 2019, https://www.bbc.co.uk/news/uk-48622007.

65. Spithoven, A. W. M. et al., »It is all in their mind: A review on information processing bias in lonely individuals«. *Clinical Psychology Review*, 2017. 58: S. 97–114.

66. Baumeister, R. F. et al., »Social exclusion impairs self-regulation«. *Journal of Personality and Social Psychology*, 2005. 88(4): S. 589–604.

67. Newall, N. E. et al., »Causal beliefs, social participation, and loneliness among older adults: A longitudinal study«. *Journal of Social and Personal Relationships*, 2009. 26(2): S. 273–290.

68. Sprecher, S. et al., »Factors Associated with Distress Following the Breakup of a Close Relationship«. *Journal of Social and Personal Relationships* 1998. 15(6): S. 791–809.

69. Newman, H. M. und E. J. Langer, »Post-divorce adaptation and the attribution of responsibility«. *Sex roles*, 1981. 7: S. 223–232.

70. Tashiro, T. und P. Frazier, »›I'll never be in a relationship like that again‹: Personal growth following romantic relationship breakups«. *Personal Relationships*, 2003. 10(1): S. 113–128.

71. Kansky, J. und J.P. Allen, »Making Sense and Moving On: The Potential for Individual and Interpersonal Growth Following Emerging Adult Breakups«. *Emerging Adulthood*, 2018. 6(3): S. 172–190.

72. Lewandowski, G.W., »Promoting positive emotions following relationship dissolution through writing«. *Journal of Positive Psychology*, 2009. 4(1): S. 21–31.

73. Aron, A. et al., »Reward, motivation, and emotion systems associated with early-stage intense romantic love«. *Journal of Neurophysiology*, 2005. 94(1): S. 327–337.

74. Seshadri, K.G., »The neuroendocrinology of love«. *Indian Journal of Endocrinology and Metabolism*, 2016. 20(4): S. 558–563.

75. Wu, K., »Love, Actually: The science behind lust, attraction, and companionship«, in *Harvard University, The Graduate School of Arts and Sciences*, http://sitn.hms.harvard.edu/flash/2017/love-actually-science-behind-lust-attraction-companionship/.

76. Marazziti, D. et al., »Alteration of the platelet serotonin transporter in romantic love«. *Psychological Medicine*, 1999. 29(3): S. 741–745.

77. Stromberg, J., »This is your brain on love«, *Vox*, 2015, https://www.vox.com/2015/2/12/8025525/love-neuroscience.

78. Stony Brook University, »Anguish Of Romantic Rejection May Be Linked To Stimulation Of Areas Of Brain Related To Motivation, Reward And Addiction«, *Science Daily*, 2010, https://www.sciencedaily.com/releases/2010/07/100722142201.htm.

79. Mark, C., »Broken heart, broken brain: The neurology of breaking up and how to get over it«, *CBC*, 2018, https://www.cbc.ca/life/wellness/broken-heart-broken-brain-the-neurology-of-breaking-up-and-how-to-get-over-it-1.4608785.

80. Helgeson, V.S. et al., »A meta-analytic review of benefit finding and growth«. *Journal of Consulting and Clinical Psychology*, 2006. 74(5): S. 797–816.

81. Fredrickson, B.L., »What Good Are Positive Emotions?« *Review of General Psychology*, 1998. 2(3): S. 300–319.

82. Fredrickson, B.L. und R.W. Levenson, »Positive Emotions Speed Recovery from the Cardiovascular Sequelae of Negative Emotions«. *Cognition and Emotion*, 1998. 12(2): S. 191–220.

83. Mineo, L. »Harvard study, almost 80 years old, has proved that embracing community helps us live longer, and be happier«. 2017, https://news.harvard.edu/gazette/story/2017/04/over-nearly-80-years-harvard-study-has-been-showing-how-to-live-a-healthy-and-happy-life/.

84. Tedeschi, R. G und L. G. Calhoun, »Posttraumatic growth: conceptual foundations and empirical evidence«. *Psychological Inquiry*, 2004. 15(1): S. 1–18.

85. Tedeschi, R. G. et al., *Posttraumatic Growth: Theory, Research, and Applications*. Taylor & Francis 2018.

86. Viorst, J., *Mut zur Trennung: Menschliche Verluste, die das Leben sinnvoll machen*. Hoffmann und Campe 1988: S. 258.

87. Chapman, B. P. et al., »Emotion suppression and mortality risk over a 12-year follow-up«. *Journal of Psychosomatic Research*, 2013. 75(4): S. 381–385.

88. Nathan Consedine, C. M. et al., »Moderators of the Emotion Inhibition-Health Relationship: A Review and Research Agenda«. *Review of General Psychology*, 2002. 6(2): S. 204–228.

89. Gross, J. J. und O. P. John, »Individual differences in two emotion regulation processes: implications for affect, relationships, and well-being«. *Journal of Personality and Social Psychology*, 2003. 85(2): S. 348–362.

90. Ullrich, P. M. und S. K. Lutgendorf, »Journaling about stressful events: effects of cognitive processing and emotional expression«. *Annals of Behavioral Medicine*, 2002. 24(3): S. 244–250.

91. Vina, J. et al., »Exercise acts as a drug; the pharmacological benefits of exercise«. *British Journal of Pharmacology*, 2012. 167(1): S. 1–12.

92. Murri, M. B. et al., »Physical Exercise in Major Depression: Reducing the Mortality Gap While Improving Clinical Outcomes«. *Frontiers in Psychiatry*, 2018. 9: S. 762.

93. Anderson, E. und G. Shivakumar, »Effects of exercise and physical activity on anxiety«. *Frontiers in Psychiatry*, 2013. 4: S. 27.

94. Pargament, K. I., *The Psychology of Religion and Coping: Theory, Research, Practice*. Guilford publications 2001.

95. Pargament, K. I. et al., »The Brief RCOPE: Current Psychometric Status of a Short Measure of Religious Coping«. *Religions*, 2011. 2: S. 51–76.

96. Pargament, K. I. et al., »Religion and the Problem-Solving Process: Three Styles of Coping«. *Journal for the Scientific Study of Religion*, 1988. 27(1): S. 90.

97. Yates, J. W. et al., »Religion in patients with advanced cancer«. *Medical and Pediatric Oncology*, 1981. 9(2): S. 121–128.

98. Pargament, K. I. et al., »The many methods of religious coping: development and initial validation of the RCOPE«. *Journal of Clinical Psychology*, 2000. 56(4): S. 519–543.

99. O'Brien, B. et al., »Positive and negative religious coping as predictors of distress among minority older adults«. *International Journal of Geriatric Psychiatry*, 2019. 34(1): S. 54–59.

100. Hebert, R. et al., »Positive and negative religious coping and well-being in women with breast cancer«. *Journal of Palliative Medicine*, 2009. 12(6): S. 537–545.

101. Pargament, K. I. et al., »God help me: religious coping efforts as predictors of the outcomes to significant negative life events«. *American Journal of Community Psychology*, 1990. 18: S. 793–724.

102. Pargament, K. I. et al., »Religion and the Problem-Solving Process: Three Styles of Coping«. *Journal for the Scientific Study of Religion*, 1988. 27(1): S. 90–104.

103. Kemper, K. J. und S. C. Danhauer, »Music as therapy«. *Southern Medical Journal*, 2005. 98(3): S. 282–288.

104. Rauscher, F. H. et al., »Music and spatial task performance«. *Nature*, 1993. 365(6447): S. 611.

105. Rauscher, F. H. et al., »Improved maze learning through early music exposure in rats«. *Neurological Research*, 1998. 20(5): S. 427–432.